大学生职业发展与创业规划

主　编　仇　健　索昕煜　韩晨光

副主编　黄　玮　陆飞翔　李开贤　刘　莹　周丽霞

编　委　（按姓氏笔画排序）

王　勇　王海蓉　邓张升　叶鸿烈　史　强
刘芳菊　闫庆贺　孙黎明　李　维　李忠文
李映松　张　恩　陈芊锦　欧成雄　罗跃东
和　江　周永川　周祝伊　郑一娇　赵云刚
赵学伊　胡勇强　侯亭明　顾　浩　顾航瑞
徐东明　徐　青　郭姚旭　蒋剑城　舒　挺
翟　俊　熊　鑫　黎应飞

高等教育出版社·北京

内容提要

　　本教材以学生的生涯发展需要为主线,将创新创业的内容融入生涯规划设计的视角当中,构建起培养具有远大理想和科学规划理念的创新创业型人才教学体系。在编写风格上,注重知识与训练、理论与案例相结合,力求贴近学生发展的实际情况。本教材共分7章,包括生涯发展的基本认知、认识职业生涯规划、大学生涯与职业准备、职业适应、创新与创业、认识大学生创业、创业的关键要素等内容。本书可用于高等院校开设创新创业、生涯规划课程的教材,也可以为创业者和遇到职业生涯规划困扰的大学生提供学习参考。

图书在版编目(CIP)数据

　　大学生职业发展与创业规划 / 仇健,索昕煜,
韩晨光主编 . -- 北京 : 高等教育出版社,2022.10(2023.4 重印)
　　ISBN 978-7-04-056331-3

　　Ⅰ. ①大… Ⅱ. ①仇… ②索… ③韩… Ⅲ. ①大学生
－职业选择－高等学校－教材 Ⅳ. ① G647.38

　　中国版本图书馆 CIP 数据核字(2021)第 129363 号

Daxuesheng Zhiyefazhan yu Chuangyeguihua

| 策划编辑 | 李光跃 | 责任编辑 | 赵君怡 | 封面设计 | 张 楠 | 责任印制 | 刁 毅 |

出版发行	高等教育出版社	网　址	http://www.hep.edu.cn
社　址	北京市西城区德外大街4号		http://www.hep.com.cn
邮政编码	100120	网上订购	http://www.hepmall.com.cn
印　刷	山东临沂新华印刷物流集团有限责任公司		http://www.hepmall.com
开　本	787mm×1092mm　1/16		http://www.hepmall.cn
印　张	8.75		
字　数	200 千字	版　次	2022 年 10 月第 1 版
购书热线	010-58581118	印　次	2023 年 4 月第 2 次印刷
咨询电话	400-810-0598	定　价	28.00元

前　言

自 2015 年以来，在深化创新创业教育改革的大背景下，我国对大学生创新创业教育的重视日益提高，不仅是政策的扶持、教育基金的资助，更是大方向上的点拨与开导。创新创业教育不仅是大学生的职业规划教育，更是终身教育，教育青年人应树立远大理想，并端正脚踏实地的态度，打造十年磨一剑、坚韧不拔的优良品质。

本教材以学生的生涯发展需要为主线，将创新创业的内容融入生涯规划设计的视角中，构建具有远大理想和科学规划理念的创新创业型人才教学体系。在编写风格上，注重知识引导与实战训练、文本理论与真实案例相结合，力求贴近学生发展的实际情况。本教材共分 7 章，包括生涯发展的基本认知、认识职业生涯规划、大学生涯与职业准备、职业适应、创新与创业、认识大学生创业和创业的关键要素。

本教材围绕学生成长发展轨迹的客观需要进行编写，基于大学生活、自我探索、生涯规划、创业意识、创业要素等内容构建教材体系，力求减少枯燥的理论内容，文字生动自然，辅之以大量教学案例，体现出较强的系统性、融合性、创新性。同时在吸取如李家华主编的《创业基础》、张玉利等编著的《创业管理》、百森商学院教授创业学经典丛书的《创业学》、王占军主编的《大学生职业生涯规划咨询案例精编》等经典教材长处的基础上，在以下几个方面有所突破：

一是视角独特。创造性地将生涯发展与创新创业两者结合在一本教材当中，不把二者割裂看待，更加有利于学生的全面发展。

二是文字生动形象、简洁通俗。尽量减少枯燥的理论说教，代之以大量的鲜活案例和实践练习，并强调教学过程中的互动性。

三是突出学生的主体性。围绕学生从进入校门以来各个发展阶段的生涯问题为本教材编写的逻辑起点，循序渐进地引导学生对创新创业发生兴趣，为学生将来深入学习相关知识、更好地开展就业创业实践打下基础。

教育是十几年、二十年的事，教育带给人的影响相伴一生，创新创业教育不是课外活动，而是人从"校园人"身份跨入"社会人"身份的转变，本教材力求引导学生在人的终身发展当中看待创新创业问题，拓展了对生涯规划教育和创业教育的教学理论边界，丰富了"双创"教育的内容，具有较高的学术价值。本书可用于高等院校开设创新创业、生涯规划课程的教材，也可为创业者和遇到职业生涯规划困扰的大学生提供学习参考。

编　者
2022 年 1 月

目 录

第一章　生涯发展的基本认知

【本章学习重点】

1. 职业发展与生涯发展的概念。
2. 大学生活对生涯发展的重要性。
3. 理解什么是创业，创业与生涯发展的关系。

在大学初始阶段，就能找到未来职业发展方向的学生毕竟是少数。因此，大学新生应该及时与身边的人沟通交流，寻求帮助，在做好眼前事情的前提下，边学习边调整；掌握必要的生涯规划理论和工具，渐渐发现自己的兴趣爱好，然后再根据自己的实际情况制订计划。无论是"先知"的学生还是"后知"的学生，生涯规划只是迈出的第一步，重要的是能够切实付出行动，在行动中接近自己的人生理想。一个人若是看不到未来，就掌握不了现在；若是掌握不了现在，就看不到未来。

1.1　职　业　发　展

在人生这条漫长的路上，有些人不断进步，有些人虽然很辛苦却碌碌无为，还有些人则放弃了自我的发展而随波逐流。这些不同的结果与是否做好职业发展规划有着密切关系。大学生终将步入社会，必须认清自己的实力，根据自己的兴趣和特长制订合理的职业规划。有了职业规划就有了奋斗的方向，就可以在激烈的竞争中走出一条属于自己的路。

1.1.1　职业发展与生涯发展的关系

我们先通过一个案例来认识职业发展与生涯发展的关系。

【案例分析】

施瓦辛格的生涯规划

2018 年 3 月，70 岁的动作巨星阿诺德·施瓦辛格接受了心脏手术，他手术后醒来说的第一句话是："我回来了。"这是他在《终结者》系列电影里的经典台词。1947 年，施瓦辛格出生在奥地利的一个普通家庭。幼时瘦弱的他就立定志向，要让自己的人生过得有价值。为此，他首先确立一个目标：锻炼自己的身体。开始健身时，他阅读了大量的健美书籍，从中学习训练方法和营养指导。通过科学锻炼和有目的的学习，他在 1970 年第一次夺得了"奥林匹亚先生"称号，此后连续 7 次登上"奥林匹亚先生"宝座。接下来，他的人生目标就是成为一个家喻户晓的人。施瓦辛格依托自己的身体条件，开始向影视界进军，在《终结者》系列电影里成功塑造了荧幕硬汉的形象，成为一代巨星。在这过程中，施瓦辛格一直没有忘记充实和提高自己，也没有停下挑战自我的脚步，转而投身政坛。2003 年，57 岁的施瓦辛格退出影坛，开始竞选美国加州州长。在这一过程中，他的妻子，也就是出身肯尼迪家族的玛利亚给予了他很大的帮助。终于，在那一年施瓦辛格成功当选加州州长。

从施瓦辛格的案例当中，我们可以看到职业发展在人一生的发展当中如何起到重要的作用。人是一切社会关系的总和，每个人都应该在社会分工当中找准自己的定位，获得生活和生产的资料，实现自己的价值。因此，人的职业发展决定了我们生涯的发展方向、价值评判和成果形式。科学的职业规划可以帮助我们挖掘自己的潜质，可以帮助我们对自身优、劣势进行分析，可以帮助我们重新衡量自身价值，可以帮助我们评估现实和终极目标的距离并树立正确的职业观。及早认识到职业在生涯发展当中的重要作用，我们就能够在生涯早期树立符合自己的职业定位，开启职业规划的实施步骤，从而提高自己的职业竞争力，快步实现职业生涯的目标。

对于大学生而言，从入学就开始制订自己的职业规划，使自己的大学生活有清晰的计划，可以更好地把握大学时光，学习专业知识，训练专业技能，提高精神素质，认清就业市场，确立正确的生涯发展方向。人无远虑必有近忧，从就业的角度来看，大学生宜在就业之前及时提升自身的职业竞争力，这样等到面临就业时，就可以从容走向就业市场。科学的职业规划对日后的生涯道路也有明确的指引，可以帮助大学生把握职场主动权，正确对待工作中的困难和挫折，灵活应对可能遇到的环境变化，最终实现自己的生涯价值。

1.1.2　大学生活在职业生涯发展中的作用

大学是承载学生发展期望的地方。学生带着对未来的憧憬来到大学，学校要为每一位大学生提供实现人生价值的发展空间。大学生的未来充满未知，要想实现自己的梦想，需要对自己未来的职业进行科学合理的规划。职业生涯规划就是大学生未来发展的重要法宝，也是带领大学生走向成才的重要环节。为自己的未来职业生涯制订一个清晰的规划，是我们走向社会的重要一步。大学时代职业生涯发展的规划要突出专业性与综合性，帮助我们实现自己的梦想。

1.1.2.1　认识到大学生活对职业生涯发展的重要性

在大学，学生背景是复杂多元的。每一个同学的家庭环境和成长背景不同，造就的性格和世界观也不同，即使是同一个专业、同一个班级的学生，也会因为个体的差异构成不同的生涯选择。因此大学生活中没有整齐划一的未来规划。科学的职业生涯规划是一个综合性的过程，要对自身有一个全面的认识，知道自己的兴趣和性格，掌握自身的能力，明确自身的职业价值观念，从而对自己的职业生涯做出合情合理的规划。我们在大学期间学习职业发展的相关知识，就是为了掌握更多的背景知识，帮助我们了解自我，认清自己的优势与劣势，改变固有的态度与价值观念，促进主动改变。大学期间，同学们要将目光落在自己的全面发展上，将社会发展的需要与本专业人才定位相结合，多对自身的学习实践及专业背景进行思考，采用多种形式更好地了解自己，从而对职业进行深入的探索，提高自己对自身职业发展的实践能力。

1.1.2.2　正确认识自己的优势和劣势

突出职业生涯发展的重要性，就要求我们将职业生涯规划贯穿在自己的整个大学学习中，根据专业特点和自身特点，进行角色转换和自我认识，完成目标的制订，树立正确的生涯发展观念。这当中的难点是分析个人优势与劣势，我们要充分认清自己，采取一些发展策略让自身的优势更突出，这是一个挖掘自身潜力的过程。

身为在校大学生，我们要认识到未来就业时用人单位会从多方面考察我们的职业能力，这要求我们在大学期间认识到专业培养与就业之间的关系。比如从事人力资源工作就必须具有沟通能力、分析能力及以服务客户为导向的能力，从事会计工作就要有质量意识和保证最终结果正确的能力。大学生需要清楚认识到未来的工作需要具备哪些技能，自己和目标之间存在多少差距。这些问题在大学期间，尤其是入学伊始，就应做好相应的考察和分析。大学生可以通过对高中生活的回顾和总结，结合师长和同学的建议，对自身能力进行综合评估，从而挖掘自身潜质，确定职业倾向，明确自身在竞争中存在的优势和劣势，找到自己在今后的学习中应该努力的方向。

1.1.2.3　发现和培养自己的兴趣来选择发展方向

兴趣是最好的老师，是最初的动力，是成功的关键。从事自己感兴趣的工作可以有源源不断的动力，不会感到枯燥和乏味。职业生涯会因为兴趣爱好而变得丰富多彩，兴趣爱好也会给工作带来巨大动力，会加快自己事业成功的步伐。大学生活相对宽松，学校也鼓励学生开展探索式的学习和自我探索。我们需要利用好大学时间，多方尝试，在老师、家长和同学的帮助下发现和培养自己的兴趣，根据兴趣和自身能力选择职业发展的方向。

1.1.2.4　提前认识社会需求对职业发展的重要性

大家来到大学会深刻感受到大学的社会性，这与中学期间相对封闭的环境是截然不同的。这为学生在直面社会挑战之前提供了一个缓冲及提前适应的阶段。大学期间，我们往往会看到一些学生在选择职业目标时，只考虑到自己的发展规划及兴趣方向，而不以社会需求为导向，导致选择的职业方向与实际社会需求出现偏差，就业机会渺茫。这样的职业生涯规划是短视和盲目的。由于社会对人才需求具有不确定性，劳动力市场起伏波动，在选择职业目标时，应该综合考量，力争找到既感兴趣又能够胜任，同时社会还存在大量需求缺口的行业，理智开启个人职业生涯规划。

每一个人的思想都是不断成熟的。在3～4年的大学学习过程中，我们会经历一个不断完善、不断升级的过程。因此，我们的职业生涯规划也应该及时反映这种变化，不断调整原有的计划。在实施过程中，我们会遇到许多新的问题和障碍，甚至这些问题会改变自己的职业生涯方向。这就要求我们在坚定职业理想的前提下，处理好不可测因素，充分重视不可控因素，重新修正职业生涯路线，使自己的规划继续向着终极目标的大方向有序开展，避免因小偏差而导致自己走向错误的方向。

以下是一个职业生涯发展走向错误方向的真实案例。

【案例分析】

长歪了的孩子——"小淘气尼古拉"

说起小淘气尼古拉，他原是法国小说中一个爱闯祸的淘气鬼，然而西班牙少年弗朗西斯科·尼古拉·戈麦斯·伊格莱西亚斯，就像小说中的尼古拉一样四处惹祸捣乱，直到最后利欲熏心从而走上了犯罪的歧途。

早在尼古拉是个 15 岁的中学生时，他的家人将他介绍给了执政党，也正是因为如此，他开始借助这个平台网罗人脉，积极参加人民党集会，还组织了党内史上规模最大的一届 18 岁以下青年党员集会，他凭此集会的成就拥有了第一张与政界要人的合影。在执政党内，尼古拉还认识了一个关键人物——经济学家加西亚·勒加斯。勒加斯曾任首相办公厅福利及教育事务处主任、FAES 秘书长、西班牙贸易国务秘书。这让尼古拉拥有了与其他政要结交的敲门砖，在这之后他更是开始对外称勒加斯为自己的导师。

其后，尼古拉千方百计与政要见面并合影，以此包装自己，同时使用惯用伎俩以传文件为理由借用对方手机窃取通讯录信息，获取重要人物的号码，后来更是吹嘘自己是普京密友，还能联系奥巴马。除此之外，他为了让自己的身份更具说服力，租借豪华轿车并雇佣保镖，甚至伪造警车闯红灯，尼古拉将这样一种"身份"的演绎发挥到了极致。在这样不择手段的方式下，尼古拉如愿成为了上流社会的神秘红人，很多商人都找他为自己的生意提供方便，好让他能从内部文件到安排地产交易。据法官报告显示，尼古拉曾向某位商人收受超过 2.5 万欧元以换取"地产交易便利"。

然而纸包不住火，在他的演绎事业达到巅峰时，他虚假的演出终于露出了马脚，西班牙警方展开调查后终于发现了他的惊人秘密。他被捕后，曾经热情笼络他的名流和商人们迅速与他撇清关系，否认与他相识，人民党更是表示他与其青年成员分支没有任何关联。

从以上案例中我们可以看到，尼古拉已经具备了基本的职业发展能力。从他组织了西班牙人民党有史以来规模最大的一届 18 岁以下青年党员集会的成果来看，尼古拉的统筹策划、人际交往等能力可以说已经超越了同龄人。优质的平台给尼古拉带来了更好职业发展的条件。如果他能够将人脉关系和社交影响力用在正途，那么无论科研、创业还是从政，尼古拉的前景都将一片大好。可惜的是，私欲和虚荣心蒙蔽了他的眼睛，为了获得短期的经济回报，他不惜触犯法律。在这样的情况下，外界所谓的优质平台都纷纷弃他而去。尼古拉的事例生动地告诉我们，职业生涯发展的计划，要建立在正确的世界观和价值观之上，离开道德的约束，再好的能力，再高的平台，最终都难以支撑我们的发展，只有不受拘束的私欲引导我们一步步走向歧途。

【本节重点】

对于人类的社会属性而言，职业发展是生涯发展的核心内容。大学时代是我们形成职业生涯规划的关键时期，大学生要结合自身的能力特长、专业学习、兴趣爱好及社会需要来制订自己的生涯发展路径。在制订生涯发展过程中，要认识到计划也是需要不断修正的。要培养正确的世界观和价值观，避免生涯发展计划走向歧途。

【思考题】

1. 结合所学专业，思考自己未来的职业选择有哪些。
2. 大学生尽早开展职业规划有何重要意义？

【练习与实践】

访谈你的父母或其他亲属长辈，问问他们是否做过生涯规划，结果符合他们的预期吗？中间做过什么调整吗？根据他们的回答，撰写一份不少于 1 000 字的人物生涯访谈报告。

1.2 创 业 发 展

不是开办一家属于自己的公司就是创业。在当前的时代环境下，创业更多地被认为是一种思考、推理和行动的方法，它不仅要受到机会的制约，还要求创业者有完整缜密的实施方法和高度平衡技巧的领导艺术。它，是被转化为计划并被执行的想法。今天，创业已经超越了创建企业的概念，而是作为一种工作和生活的方式和精神，广泛存在于各行各业，体现人生的价值。当代大学生应该学习和了解创业，在自己的生涯规划中体现创业精神。

1.2.1 什么是创业

大学生勇于创业，不仅有利于缓解当前巨大的就业压力，对于国家和个人而言也有极为重要的意义。创业是一种精神、一种理念，也是一种行动。

1.2.1.1 创业的内涵

创业是经济学、管理学、社会学和心理学等多种学科都在研究的复杂现象。对创业行为研究的视角不同，对创业的定义也不完全相同。广义的创业是指创造出新的事业和基业，泛指人的一切具有开拓意义的社会变革行为。狭义的创业是指个人或团队整合一切外界的资源和力量，寻求一切可能的机会，创立实业或企业并谋求发展，创造价值的一种经济活动。

杰弗里·蒂蒙斯是美国创业学领域的泰斗，他认为创业现在已经超越了传统的创建企业的概念，而是把各种形式、各个阶段的公司和组织都包括进来。创业不仅能为企业家，也能为所有的参与者和利益相关者创造价值，提高和实现价值，或是价值再生。蒂蒙斯认为创业是一个创造财富、增长财富的动态过程，是一个发现和捕获机会，由此创造出新颖的产品或服务并实现其潜在价值的过程。

美国学者帕尔特·维罗斯教授认为创业应该分为 4 个阶段：萌芽期、准备期、创办期和成长期。萌芽期的创业者只是有创业的想法，并没有找到合适的机会和行动。当有了机会之后，创业者的创业欲望加强，开始动手准备，此时就是第二个阶段。之后，创业者单独或组建团队进行市场调研，制订创业方案，融资，注册企业，生产，提高产品或服务质量。最后，企业进入成长期，甚至进入第二次创业阶段。

1.2.1.2 创业的要素

创业是一个复杂和复合的系统。创业需要很多的前提、条件、资源和要素。创业需要创业者充分发挥个人的素质和能力，合理运用团队人力资本，寻求足够的资金支持，建立广泛的人际关系，向着既定的创业目标前进，只有这样才能够完成创业。其中，创业者、创业机会、资源和人力资本等是创业的关键要素。

创业机会是创业过程的核心驱动力，在创业之初，创业机会尤为重要；创业者或创业团队是创业过程的主导者；资源是创业成功的必要保障。创业机会是创业过程的开始，作为创业者或创业团队要善于把握商机，合理利用和配置资源，认识和规避风险，对团队的情况要有正确的认识。创业过程是一个不断寻求动态平衡的过程。为保持这种平衡，创业者必须要考虑以下问题：目前的团队是否能领导公司未来的成长，目前所拥有的资源有哪些，以及未来发展可能遇到的风险。这些问题伴随着企业的成长过程，决定企业能否可持续性发展。

1.2.1.3　创业的类型

根据不同的分类标准，可以将创业划分出不同的类型。

（1）根据创业动机分类

依据创业动机的不同，创业可分为生存型创业和机会型创业。创业者的能力及其所面临的环境决定了创业者的创业选择。创业者的个人特征是影响创业动机的重要因素。一般来说，25~44岁的创业者选择机会型创业的可能性更大，而45~54岁的创业者更有可能选择生存型创业。此外，学历的高低影响创业动机。学历的高低与机会型创业比重呈正相关，与生存型创业比重呈负相关。

生存型创业者比机会型创业者希望更低的创业风险，而机会型创业者通常期望较高的投资回报，这往往也伴随着较高的风险。生存型创业者的资金主要来源于个人或家庭自筹，资金容易受到限制，同时，由于创业者本身相对缺乏人力资源，在创业时会主动回避技术壁垒较高的行业。而机会型创业者能够获得更多的贷款资金和政府支持，并且更加关注新的市场机会。无论是从资金壁垒还是技术壁垒上来说，机会型创业者选择的行业都远高于生存型创业者。

（2）根据创业项目分类

依据选择的创业项目来分，可以将创业大致分为传统技能型、高新技术型和知识服务型3种。传统技能型创业一般会具有永恒持久的生命力，在传统技术、工艺的基础上加入独特的技艺或配方会使该项目在市场上独具优势；高新技术型创业具有前沿性和研究性，知识、技术密集度高，员工学历普遍偏高，技术性收入与高科技产品产值总和占企业总收入的一半以上；知识服务型是指为人们提供知识与信息服务的创业项目，投资少，见效快。

（3）根据创业形式分类

创业还可以分为独立型创业与合伙型创业。独立型创业即创业者或创业团队白手起家进行创业。创业者为自身的活动负完全责任，在企业中拥有充分的权利，并且其获得的利益也是最大的，具有权、责、利高度统一的特点。合作型创业是由两个以上的创业者通过订立合伙协议，共同出资，合伙经营，共享收益，共担风险，并对合伙企业的债务承担无限连带责任。该模式适用于相对更大的创业规模和更大的风险承受能力。

独立型创业与合作型创业各有优势与不足。独立型创业由于创业者管理所有的业务，承担全部的责任，内部结构关系简单，因此利益驱动力强，工作效率高，具有较大的灵活性，创业者可以根据自己的独立判断和现实需要来采取一定的行为进行调整。其不足在于经营规模小，经营方式单一，创业者孤军奋战，决策存在一定的随意性。

合作型企业的优势表现在：资金充足，规模较大，容易获利；多人合伙，成员之间可以优势互补，利于企业发展；企业利益主体多元化，有利于企业内部监督机制的形成，使企业的经营管理更加科学、理性；承担市场压力和风险的能力提高。其不足表现在：由于合伙人的能力不同，对企业的贡献不一，因此在分工合作与利益分配方面会存在分歧，影响企业正常运作和发展；合伙人由于自身原因，可能会随时中途退出，这对企业来说是一个很大的打击；由于是几个人共同创业，每个人承担风险的能力和面对风险的心态是不统一的，这很容易影响到企业的发展决策，对企业发展产生负面影响。

同学们需要注意的是，创业不同于创立企业。创业是人们发现和抓住创业机会并由此创造出新的产品或服务，从而实现价值、谋求发展的一种经济活动。创业并不代表一定要拥有完全属于自己的公司。创业者能够将自己所拥有的资源进行优化整合，从而创造出更大的经济和社会价值的过程就是一种创业。这样看来，职业人在工作岗位上的开拓也是一种创业的选择，是企业内部创业。大企业中的事业部，依托企业的平台和资源，事业部独立核算，这就是企业内部创业的典范。

1.2.2 创业与就业的关系

我们可以认为，创业是就业的一种特殊形式，是突出创新内涵、寻求自我突破的一种生涯尝试。

【案例分析】

马克·安德森的创业建议

就创业而言，对一个产品、一个主意有激情，和对创建公司、对创业者的生活有激情。这两者之间是有区别的，被誉为"互联网点火人"的马克·安德森（Marc Andreessen）谈到，这两种创业态度是在评估创业公司及其创始人时的关键指标。

对一个产品、一个想法有激情，延展开来便是产品变成创业公司的情况，常见的是创始人先研发出来一个产品，产品可行后需要开设公司来继续运营它。如脸书（Facebook）、谷歌（Google）、易趣（eBay）和雅虎（Yahoo），甚至安德森自己的产品网景（Netscape）浏览器都是这样的。而对创建公司、对创业者的生活有激情，便是基于创业公司而做产品，往往是把开公司作为目标，故而对产品缺乏激情。这样的区别会在今后公司运作的各方面泛起涟漪。

在职业规划上，马克在"一个年轻人应该在追求自己的激情而创业、为创业公司工作和为一个大型公司工作之间，选择什么样的道路"这样的问题上，做出了自己的解答，他认为，真正伟大的创业者，在开始创业之前便经过了高强度训练，有的人从事这样的专业训练长达十年。安德森的风险投资公司，便会在公司创始人的背景中寻找经过专业水准训练和获得学术成就的证据。

所以总而言之，马克·安德森在创业规划上的建议是，聚焦在你有激情的想法或者产品上，首先创建产品，然后带着创业之心，去高成长的中型公司获得5～10年的相关经验，再考虑创业的事。

与传统的工薪就业相比，狭义的自主创业可能会更有机会实现自己的梦想，实现更高的财务预期，处于领导而非被动接受的地位。但是自主创业相对就业而言，早期的财务压力更大，收益处于不稳定状态，心理压力更大，时间更加不自由，而且对于自我学习、自我更新的要求也更高。工薪就业的优点是压力相对较小，有明确的职责范围，不必承担额

7

外的责任，未来生涯发展也有相对明晰的参照系。但是工薪就业的收入水平毕竟是有限的，工作独立性相对较小，受制于各种条件难以实现自己的生涯抱负。

对大学生来说，如果把创业作为自己想要成就的事业，那么只要有平台可以成就你的事业梦想。相比创办大公司、大企业来说，利用好这个平台，就会使自己的创业容易得多，也是一种明智的创业选择。大学生如果可以把"就业"看成"创业"，利用好就业岗位的平台，把它当作自己的事业来完成，以创业者的心态投入其中，通过不断的努力打拼，在工作中不断学习积累经验，依靠自己的努力来实现创业梦想，这同样也可以使自己变成真正的精英。能否把自己的工作岗位当成自己的事业去看待，取决于你的心态。在几年的时间里，面对同样的工作，以创业者的心态去对待它所收获的东西远远超过以就业者的心态去对待它。把自己的工作当成事业来对待，这就是一种创业，一种更容易成功的创业，一种具有更大社会价值的创业。

1.2.3　创业与职业生涯规划

大学生创业的立意应该高远一些，而落脚应该务实一点儿。这是从社会发展需要与自身职业生涯发展相结合所得出的结论。

1.2.3.1　创业生涯规划应体现社会需要

任何创业行为归根结底都要解决社会的现实问题。大学生开展创业活动，也是新时期新一代青年的社会担当。大学生开展创业生涯规划时，要充分考虑创业行为的社会责任要素，包括通过创业促进国家经济发展，带动他人就业，追求社会进步等。创业作为一项经济与社会活动，对他人和社会都有着积极的影响和带动作用。创业一方面可以增强经济活力，将更多的创新成果转化为商品，通过创造新的价值促进国家经济发展；另一方面可以缓解就业压力，帮助更多的人共同致富、实现梦想，以此推动社会不断进步。从社会发展的更深处挖掘创业的价值，可以看到这项事业与社会稳定及社会公平之间有着不可分割的联系。近几十年中国的社会转型，实际上是以经济结构转型为核心，以调整社会结构为主线，一方面通过城乡的一体化进程来实现居民公共服务水平均等化，分享改革开放发展的成果保持社会福利；另一方面则力求提高各类经济体的发展潜力，通过强化新兴工业与服务业为主导，提升组织与个人的创新能力和竞争能力，保持社会积极进取的发展活力，以此达到社会发展高效性与公平性协调统一。但目前来看，社会经济发展转型的速度和稳定性存在不小差距。从这一角度考虑，大学生创业者投身于科技型小微企业发展，依靠自己的创意创新开展创业活动，制定符合企业发展方向和规律的战略，可以在未来的发展中，造就相当数量的中等收入者，提供大量劳动力的就业岗位，促进分配差距问题的解决。

在这当中，大学生创业对就业的影响非常重要。从国际比较的经验来看，美国二战之后面临退伍军人归国就业浪潮，为了妥善安置退伍军人就业，缓解短期就业聚集式压力，美国政府通过立法实行以保障退伍军人的职业复原、文官录用中的优待、免费教育等为主要内容的就业政策，破解了美国由战时经济向和平经济转轨过程中退伍军人的就业难题，成功地实现了退伍军人的角色转换。返回校园读书提升就业能力的退役军人当中出现了很多优秀的政治家、企业家，促进了美国经济的繁荣与社会的稳定。进入 21 世纪以来，全球经济形势起伏不定，国家正面临向全面改革进发的比较特殊的历史时期，经济、社会、政治上的敏感问题相对突出，就业矛盾比较尖锐，且存在结构性调整的迫切需要。依靠农业和传统城镇工业释放就业压力的空间已非常狭窄。如果通过以大学生为代表的创业一代实现创业，解决社会就业问题，其为整个中国社会发展做出的贡献无可估量。

1.2.3.2 创业生涯规划应体现自身价值

创业的生涯规划，主要体现在完善自我，实现自身发展的成就目标。这也是大学生开展创业的内部动因。

【案例分析】

咖啡渣助力创业起航

由于人们对咖啡渣认知不足，在消耗量上占大比重的城市中，咖啡渣常被全部丢弃。咖啡豆经研磨煮沸后98%将会转化为咖啡渣废料。据粗略推算，北京市现已拥有的近2 000家咖啡门店每年大约会产生近100吨咖啡渣废料。但实际上咖啡渣因含有丰富化学元素而成为有机肥料中的佼佼者，世界各地也有不少用咖啡渣堆肥的案例。

北京工商大学创业学生团队便基于此原理，开始了回收咖啡渣的创业行动。他们的项目运行模式是这样的：回收咖啡渣，由农户进行消毒、杀菌、发酵处理，制作初产品，再由残障人士（温馨家园员工）进行产品组合与包装，在咖啡店返销，为城市人们提供种植体验。

目前，该项目已获得中国农业科学院的支持，为项目提供强大技术背景支持。

一个有效并且可持续发展的项目，不仅需要在经济上获益，同时也需要在社会和环境方面有积极的影响。以上案例在处理北京地区的新生垃圾问题的同时，提高了部分农户的经济收益，并为残障人士提供平等的就业机会，一方面通过技术改造开展科技创业，实现了创业者的自身价值，另一方面提高了社会弱势群体的生活质量和生活水平。这样的创业，正是当前国家鼓励大学生创业的典型。

大学生创业生涯规划，首先要考虑精神实现要素，可以包括挑战自我、获得成就感、检验创意想法等内容，反映了创业者希望通过创业来实现自我理想的愿望。当代大学生创业者从好的发展特征上判断，推崇活跃的创新思想，容易接受科技前沿的新鲜事物，兼具浪漫情怀和理性务实的精神，有着基于实现自我发展和解决社会问题的乐观主义，这些基于人力特质资本的特点，往往造就了他们创业的动力源泉。因此与其他历史时期的创业者群体相比，当代大学生创业者应该具有更加强烈的创新创业精神动机。

大学生创业生涯规划，其次要考虑到成就要素，具体包括解决自身就业问题、提升社会地位、获得社会认可、实现个人独立自由、积累财富等内容，反映了大学生希望通过创业获取权利、财富、地位等外在认可的动机。

总体而言，在国家经济社会转型的过程中，创业者的个人价值取向更加受到尊重，个体自主选择性增强。许多大学生创业者把握机遇，通过创业实现了个人事业发展和财富增长，同时又促成了社会分配、社会秩序和社会结构的加速变化，促进了新型社会价值观的重构。这样的创业型生涯规划，实现了家国情怀与个人发展的高度统一，是值得鼓励和提倡的。

【本节重点】

创业是个人或团队整合一切外界的资源和力量，寻求一切可能的机会，创立实业或企业并谋求发展，创造价值的一种经济活动。其中，创业者、创业机会、资源和人力资本等是创业的关键要素。创业不仅可以实现大学生的生涯发展，并且与社会稳定和社会公平有着不可分割的联系。

【思考题】

1. 什么是创业？创业就是开办一家企业吗？
2. 大学生创业对自己的成长有什么价值？
3. 大学生创业有何社会意义？

【练习与实践】

就你自己而言，大学毕业后是喜欢自主创业还是偏向工薪就业？请按自己的理解，将自主创业与工薪就业各自的优势和带来的挑战填入下表中。

自主创业		工薪就业	
优势	挑战	优势	挑战
例：处于领导地位	例：责任更为重大	例：明确的责任	例：难以发挥工作自由度

第二章　认识职业生涯规划

1. 职业生涯规划基本理论与概念。
2. 从分类、制度、环境、要求等方面正确认识职业。
3. 积极寻找、掌握、分享各类有益的人职匹配测试。

2.1　职业生涯规划基本理论

认识到生涯规划的重要性只是生涯发展迈出的第一步，更重要的是能够切实付出行动，在行动中接近自己的人生理想。一个人无论是就业还是自主创业，若是看不到未来，就掌握不了现在；若是掌握不了现在，就看不到未来。

2.1.1　生涯规划的类型

西方的生涯辅导起源于 1908 年，当时被称为"职业辅导之父"的美国人弗兰克·帕森斯（Frank Parsons）创立了波士顿职业局（Boston Vocation Bureau），这是美国第一个专门的学生指导机构；并且确立了学生指导理论的基本框架，帮助学生发现自己的优势和长处，顺利完成从学校到社会的过渡和转化。以下介绍几种生涯规划常遇到的理论。

2.1.1.1　霍兰德六角模型的人职匹配理论

约翰·霍兰德是美国约翰·霍普金斯大学心理学教授，美国著名的职业指导专家。霍兰德的类型论是对人职匹配理论的创新。霍兰德根据自己多年心理咨询实务工作经验，于 1973 年提出了著名的六角形理论，此理论影响了美国职业咨询和研究等方面工作几乎达到半个世纪之久。霍兰德认为美国社会中的职业大致可以划分为 6 种类型，相对应的，工作者也划分为 6 种不同类型。与此同时，每个人都追求相匹配的工作环境类型，以便施展个人的技术和能力，展示个人的态度与价值，胜任问题的解决和角色的扮演。

（1）霍兰德六角模型

霍兰德类型论的理论架构如图 2.1 所示。

实际型（realistic type，R）：该类型的人喜欢具体、明确的工作任务及需要动手操作的工作氛围，通常在性格上表现为情绪稳定、忍耐力强，给人留下的印象往往是诚实、谦和、节俭、踏实。他们认为实际行动比语言表达更为重要，看重当下胜于未来，不喜欢社交及与人接触的活动。

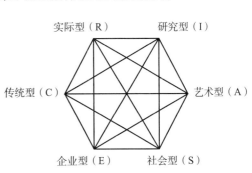

图 2.1　霍兰德的六角模型

该类型的工作环境往往需要运用肢体的实际操作，通常需要诸如机器修理、器材维护、驾驶或者饲养等专门技术。在这样的工作环境中，处理与物接触的问题比处理人际关系问题更为重要。

研究型（investigative type，I）：该类型的人较为擅长运用心智能力观察、分析、推理，喜欢与符号、概念等抽象思考有关的活动，通常在性格上表现为独立、温和、谨慎、保守、内向、聪明、理性、逻辑性强。他们在工作中能够产生诸多新的想法和策略，喜欢从事需要动脑研究的工作，不喜欢领导、竞争等需要领导力的工作。

该类型的工作环境往往需要运用复杂抽象的逻辑思维能力，通常需要使用数学或其他专业知识解决问题。这类工作环境中，不需要处理复杂的人际关系，大多数情况下，需要独立解决工作中遇到的问题。

艺术型（artistic type，A）：该类型的人喜欢自由且创意十足的工作氛围，喜欢借助文字、声音、动作或者色彩来表达内心感受，通常在性格上表现为热情、冲动、想象力和创造力丰富，但有时候表现为情绪化和无条理性。他们在工作中，乐于创作、思考，不乐于被人支配。他们对美有敏锐的直觉，喜欢从事写作、音乐、美术、舞蹈等艺术感浓厚的工作，不喜欢文书处理等传统型工作。

该类型的工作环境倡导和鼓励创意及个人的表现能力，并为之提供了开发新产品与实现创意的自由空间。这类工作环境中，往往鼓励感性与情绪的表达，而不要求具有逻辑性。

社会型（social type，S）：该类型的人喜欢从事与人接触的活动，关心人的感受胜于与物接触，通常在性格上表现为友善、乐于助人、容易相处、慷慨、擅长倾听、同理心强。他们喜欢从事教师、护理、咨询等帮助他人的工作，不喜欢从事需要技术、动手等操作方面的工作。

该类型的工作环境鼓励和谐的人际关系，人与人之间相互帮助，强调人类的核心价值，如理想、友善、慷慨等特质。

企业型（enterprising type，E）：该类型的人喜欢冒险、竞争，通常在性格上表现为精力充沛、积极进取、自信、外向、善于表达、引人注意等。在工作中，该类型的人往往做事有计划、有组织，行动力很强，希望拥有权力，愿意成为团队的领导者。

该类型的工作环境往往鼓励团队成员努力达成组织或者个人的目标，强调和重视升迁、绩效、权力。工作氛围充满了权力、金融和经济议题，甚至为了达成既定目标，甘愿承担一定程度的风险。

传统型（conventional type，C）：该类型的人喜欢保守、安定的活动，做事循规蹈矩，按部就班，通常在性格上表现为谨慎、保守、顺从、节俭、有恒心等特质。在工作中，他们往往乐于服从安排和配合他人工作，强调秩序感，有较强的责任感，不喜欢从事艺术活动。

该类型的工作环境重视秩序与规划，强调组织和秩序。最为典型的传统型工作环境是办公室的各项基本工作，如档案管理、会议安排、执行监督、工作计划等。

（2）6种类型的相互关系

一致性，是指六角形中的6种类型相互之间具有不同程度的内在联系。在六角形上相邻的两种类型距离最近，它们在个体心理上的相似程度是最高的；而六角形上相对的两种类型距离最远，它们在个体心理上的相似程度是最低的；至于六角形上相隔的两种类型，距离居中，它们在个体心理上的相似程度也是居中的。

如果个体的霍兰德人格六角模型的一致性程度低，并不一定表示其内在兴趣有冲突。举例来说，实际型（R）与社会型（S）是六角形中相对的一组类型，如果某个体的这两种倾向都非常显著，且差距不明显，那么并不意味着该个体在日常生活和职业环境中存在内在的兴趣冲突，当事人既可以对实际型的事务很投入，也可以对社会型的事很有兴趣。

分化性，是指霍兰德6种职业兴趣强度差别的程度。分化性越高，表示6种职业兴趣类型中，有的非常突出，有的则不甚显著；分化性越低，表示6种职业兴趣类型相差不大，强度较为平均。职业兴趣不仅源自人格类型，还与家庭环境、教育背景及职业环境有着密切的相互影响。

霍兰德的类型论对于大学生而言有更进一步的指导意义。霍兰德认为，个人模式化的人格倾向一旦明显形成，将会对职业选择行为产生影响。对于大学生来说，这一点值得借鉴参考，首先要澄清自我需求、特质和价值观取向，才能在此基础上进一步发展完善自我特长、能力和素质，获得更好的职业发展机遇。霍兰德的类型论还认为，个体不可能仅仅具有某种倾向、类型，而是多种倾向、类型的混合体。1982年霍兰德编撰完成了霍兰德职业兴趣代码。霍兰德代码是用3个字母来表示一个人的职业兴趣，即测评时得分最高的3种类型。

2.1.1.2 舒伯的生涯发展理论

生涯发展理论认为，个体的职业需求与价值取向随着个体发展经历了萌芽、成长和成熟的过程。舒伯把个体的职业发展历程具体划分为成长、探索、建立、维持与衰退5个阶段，每个阶段都有独特的发展任务和特征，前一阶段的完成情况影响着下一阶段的职业发展，并决定最终的职业发展状况。

舒伯认为个体在能力、兴趣、需求和价值等多个维度上，普遍存在着个体差异，基于其独特的品质，个体适合从事某些特定的职业；每项职业均要求一组特定的能力和人格特质，因此每项工作可以适合不同的人。个体的职业倾向和能力，会随着时间和经历而改变，生涯发展的5个阶段中，每个阶段之间都存在"转换期"，受到环境和个体因素的影响。个体生涯发展路径受到家庭、教育、人格及机会的影响，生涯发展并非是内在的、自发性质的，而是可以被引导的，外在生涯发展历程伴随着内在职业自我概念的实践和发展。由此，他提出了著名的生涯彩虹图（如图2.2所示）。

从生涯彩虹图来看，横贯左右的维度代表着个体整个生命周期，彩虹的外圈显示了个体主要的发展阶段及相对应的大致年龄阶段：

（1）成长阶段（0—14岁）

在家庭或学校与他人的认同过程中，逐渐发展出自我概念。需求与幻想是这个阶段最重要的特质。

（2）探索阶段（15—24岁）

在学校、休闲活动及社会兼职等经验中，进行自我探索、角色探索与职业探索。职业偏好从逐渐清晰到特定化，直至得以实现，是该阶段的主要特征。

（3）建立阶段（25—44岁）

确定适当的职业领域，逐步建立稳固的地位。职位可能会有升迁，可能会进入不同团队，但是所从事的职业不会有太大变化。

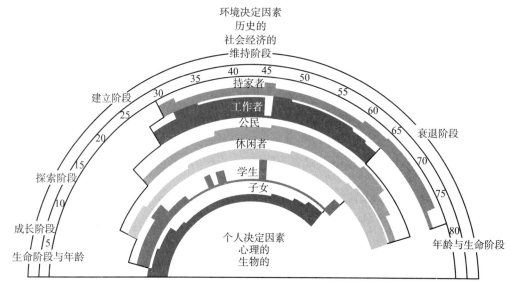

图 2.2　生涯彩虹图

（4）维持阶段（45—64 岁）

在职场上崭露头角，全力稳固现有的成就和地位，逐渐减少创意等锐意进取的表现，面对新进人员的挑战，全力应战。

（5）衰退期（65 岁以后）

身心状态逐渐衰退，从原有工作上退隐，寻求不同满足方式以弥补退休后的心理失落。

彩虹的内圈显示了个体在一生之中将会扮演的9种主要角色：子女、学生、休闲者、公民、工作者、持家者（夫妻、家长、父母以及退休者）。不同角色相互影响，塑造出个体独特的生涯发展路径；不同角色的此消彼长，不仅会受到个体年龄和阅历的影响，还会受到个体所花费时间和投入精力的影响。某个角色的变化，可能会对其他角色产生深刻的影响。每个年龄阶段会具有不同的角色组合，这种组合能够反映出个体当时的价值取向，这种价值取向是自我概念的重要组成部分，将对个体未来的生涯发展产生关键性的影响。

从彩虹图中可以看出人生各种角色的变化趋势和程度。每个弧形代表人生中的某一角色，弧形的阴影面积越大，表示投入的时间和精力越多，这个角色也就越重要。对于大学生来说，绘制生涯彩虹图的过程也是一个回顾过去和展望未来的过程。学生可以细细梳理一下自己过往的不同角色究竟在自己的生命历程中占据多少空间和时间，今后的生涯彩虹图又该如何绘制。

2.1.2　生涯规划的影响因素

生涯规划是一项需要大家认真对待的细致工程，因此，我们要对生涯规划的各种影响因素有个初步的了解之后，再着手确定自己的规划。

2.1.2.1　个体特征

个体特征包括与个体生涯相关的兴趣、需求、能力和价值观。个人特质不仅指通过测试确定的个体的要素或者特质，还包括个体在与环境互动过程中建立起来的应对内在需求和外在环境的策略。由于策略长期性和习惯性的存在，可以从个体以往的爱好和习惯中发掘这些要素。

（1）兴趣

兴趣具有动态性，它总是指向某个外在客体，在此过程中实现自我的某一方面。兴趣以需要为基础，人们若对某件事物或某项活动感到需要，就会热心接触、观察这件事物，积极从事这项活动。兴趣以认知为前提，人们若对某件事物或某项活动没有认识，也就不会对它有情感，更不会对它有兴趣。

说到职业兴趣，相当一部分学生会有类似的感受：对什么都不感兴趣，即使是自己当初高考选择的专业，现在也缺乏兴趣。这是因为专业兴趣、职业兴趣需要后天培养。在校大学生受到年龄和经历所限，不可能在大学期间就会产生指向明确、目标清晰的职业兴趣。职业兴趣的萌芽、发展，到最终形成，需要我们内在动机和情感的投入，以及为自己寻找丰富的外在环境和各类资源。

（2）能力

能力是完成一项目标或任务所体现出来的素质，是直接影响活动效率，并使活动顺利完成的个性心理特征。职业能力可以定义为个体将所学的知识、技能和态度在特定的职业活动或情境中，进行类化迁移与整合所形成的能完成一定职业任务的能力。

人类的学习能力至少可以分成9个方面：①语言能力，即有效地运用口头语言及文字的能力；②逻辑数学能力，即有效运用数字和推理的能力，喜欢提出问题并执行实验以寻求答案，寻找事物的规律及逻辑顺序；③空间能力，即对色彩、线条、形状、形式、空间及它们之间关系的感悟并借此表达思想和情感的能力；④肢体运作能力，即善于运用整个身体来表达想法和感觉，以及运用双手灵巧地生产或改造事物的能力；⑤音乐能力，即敏感地感知音调、旋律、节奏和音色的能力；⑥人际能力，即有效地理解别人及其关系，以及与人交往的能力；⑦内省能力，即准确认识自己的能力，正确把握自己的长处和短处，把握自己的情绪、意向、动机、欲望，对自己的生活有规划，能自尊、自律，会吸收他人的长处；⑧自然探索能力，即认识植物、动物和其他自然环境的能力；⑨存在能力，即人们表现出的对生命、死亡和终极现实提出问题，并具有思考这些问题的倾向性的能力。

对于大学生来说，还没有机会通过工作、职业来表现自身多方面能力。学习能力是大学生在目前发展阶段中最核心的能力，但大家要注意，学习能力不能被狭隘地理解为记忆、理解等与智商密切相关的几种特质。对于大学生来说，可以从分析自身的学习能力出发，判断一下自己在多元智能模式中最为擅长的是哪个领域。

（3）价值观

如果说兴趣、能力对生涯发展的影响是技术层面的，那么价值观对于生涯发展的影响就应该称为战略层面的因素。价值观往往能够解决生涯发展的动力等重要问题，例如在成就动机方面，那些追求自我卓越、具有高成就动机的个体往往能够调动更多内在动力和外在资源，并积极采取职业探索等主动性行动。

对于大学生而言，价值观的澄清并不是一件很容易完成的任务。由于年龄、阅历所限，一方面大学生对于价值观的重要作用没有发自内心的认同，另一方面大学生自身往往缺乏深刻反思、自省的能力。关于价值观澄清，舒伯的生涯彩虹图对于大学生来说较为合适。学生可以使用该方法从学习和生活角度入手，对未来生涯发展和人生角色初步形成一个框架性的概念。价值观在澄清的过程中，可能会与时俱进地不断修正目标，这样的学生往往表现出更高的适应性，他们通常具备十分强大的内心，大多数是乐天派，情商高，自尊心较强；相反，如果过于执着于既定目标，不会根据情景变化调整目标的个体，往往具有患得患失或紧张焦虑等情绪，反而不利于目标的实现。

2.1.2.2　情境因素

生涯规划过程中，影响生涯发展的情境因素中最为基础，也是最为重要的主要有3方面：家庭、教育及就业需求。

（1）家庭

家庭是我们的第一学校，因此家庭环境的熏陶对职业兴趣的形成具有十分明显的导向作用。大多数人从幼年起就在家庭中感受父母的职业活动，一般情况下，个人对于家庭成员特别是长辈的职业比较熟悉。在选择职业时，不可避免地带有家庭教育的印迹。

家庭中父母的教养方式、家庭经济、生源地等因素都是影响生涯规划的因素。其中家庭教育方式对生涯规划的影响作用较大。家庭教育方式大致可以分为4种类型：民主型、专制型、溺爱型和忽视型。民主型父母能给予孩子积极的生涯规划支持，以父母为榜样的孩子能更理智地进行自己的生涯规划；专制型父母将自己的意志强加在孩子头上，孩子可能会做出与自己意愿相背离的生涯规划；溺爱型父母以一种顺从甚至有些纵容的方式对待孩子，孩子在生涯规划时总是依赖父母的安排或者一味坚持自己的想法；忽视型父母总是对孩子采取放任的态度，以自己为中心，而不是按照有利于孩子发展的信念来抚养孩子，这样家庭中成长的孩子在生涯规划中很难获得各种支持。

（2）教育

个人接受教育的程度是影响职业规划的重要因素。任何一种社会职业从客观上对从业人员都有知识与技能等方面的要求，而个体本人的知识与技能水平的高低在很大程度上取决于其受教育的程度。一般意义上，个人学历层次越高，接受职业培训范围越广，其职业取向领域就越宽。

大学教育是全方面塑造人才的地方，学校环境、政策、教育等因素影响学生的智能、素质和思想政治等方面，对大学生的成长起到关键性的作用。学校环境中的师资力量和校园环境均会影响到个体的生涯规划。我们要利用好学校高级的师资力量、丰富的图书资源、良好的学习氛围，来提升我们自己在生涯规划中的表现。

（3）就业需求

就业需求是一定时期内用人单位可提供的不同职业岗位对从业人员的总需求量，它是影响职业规划的客观因素。就业需求越多、类别越广，个人选择职业的余地就越大。就业需求对个人的职业兴趣具有一定的导向性，在一定条件下它可强化个人的职业选择，或抑制个人不切实际的职业取向，也可引导个人产生新的职业取向。目前我国大学生就业市场的供需关系总体上呈现出结构性就业难特点，就业区域、行业等方面呈现出冷热不均。

【案例分析】

小米创始人雷军的大学时光

大学时期雷军在刻苦学习下成绩总是第一，但他意识到上大学并不是比谁考试第一，所以在大二时他便常背着个装满磁盘和各种资料的书包到武汉"电子一条街"去寻找实践机会，时间一长电子街的老板都知道了雷军非常擅长计算机，雷军也在此处认识了王全国。

王全国当时正在做一个加密软件的界面，雷军那段时间正好也写过一个加密软件的内核，二人认识之后，很快就决定一起来做，等加密软件做完后，王全国将公司发给他的50元加班费全给了雷军，这是雷军依靠写软件得到的第一笔报酬，不是很多，但意义非凡，这件事为二人今后的合作打下了信任基础。

等到雷军大四的时候，他便和王全国等人创办了三色公司，晚上做开发，白天跑市场，五、六个人躺一个房间里。虽然如此辛苦，但几人都只精通计算机而对做生意不怎么在行，在艰难之际还是靠雷军卖了一台计算机赚了五千元才使得公司开始运营。但几个月后，雷军逐渐发现自己身上的缺陷，自以为有雄心伟略不屑权威，在别人的吹捧下增长了虚荣心，导致自己看不清现状。

最后他总结出经验，没有必要在低水平上做重复的事。于是他走出象牙塔，停办三色公司，开始重新审视自己的创业之路。

从大学毕业后的雷军经过多年的历练，终于取得了创业的成功。但对于当时的雷军而言，了解并认识影响自身生涯发展的各种影响因素并非易事，而这些影响因素却在他的生涯规划、发展及决策等诸多环节中都发挥着重要作用。因此，我们需要不断实践、自省，不断向内心探求答案，辨别清楚哪些是外在环境因素，哪些是内在价值观因素，才能有助于未来的生涯发展和决策。

2.1.3 生涯规划原则与方法

2.1.3.1 生涯规划的原则

职业生涯是贯穿一生职业历程的漫长过程，不同的发展阶段具有不同的特质和任务，但是总的来说制订职业生涯规划大体上要遵循如下几个原则。

（1）个性定制原则

这是做好职业生涯规划应当遵循的最重要的原则。人与人之间的个体差异是现实存在的，我们未来的发展潜力也有很大不同，因此，职业生涯设计是一项完全个性化的任务，没有统一的定式，需要结合个体的具体特点进行设计。

职业生涯规划前不仅要对上文提到的个体特征，如价值观、能力倾向、气质和性格等要素全面地测评，而且要对个体外部的情境要素，如职业环境和职业发展的资源等进行系统地评估。既考虑个体的职业发展动机，又考察其成功的可能性，从而为个体设定相应的职业发展目标和具体的发展规划。

（2）落地性原则

职业生涯的落地性，主要包括目标的现实性、计划的可行性和效果的可检查性3个方面。目标的现实性，是指个体目标的设定应建立在个体现实条件的基础上，是对个体现实资源的真实评估和科学预期，是可以达到的目标，而不能是追新逐异或好高骛远的空想。计划的可行性，是指为个体制订的计划是非常具体的，是依据他们现有能力可以完成的行动计划。效果的可检查性，就是说目标的实现和计划的执行情况以客观事物为标准，是可以度量和检查的。

职业生涯规划要充分结合社会现实、就业机会和职业特征等客观条件。大学生从入学开始，就要为走入社会做准备，要去真正了解就业需求方的用人标准，感受不同职业形态下的职场。

（3）阶段目标原则

对生涯发展来说，人生的不同阶段承担着各自的发展任务，需要解决相应的发展问题。因此，职业生涯规划也应该结合个体的年龄特征，确定具体的发展方向，制订阶段性的发展目标。在现实与最终目标之间设定一个个阶段性目标，同时兼顾短期目标、中期目标及长期目标。就像从山脚到山顶的台阶，每迈一步都能够感受到自己在朝终极目标前进，奋斗的过程就变得不那么缥缈，而是更具体、真实。

一个心理学家做了一个实验：组织三组人，分别让他们向着 10 千米以外的 3 个目的地出发。第一组的人既不知道目的地的具体方位，也不知道路程有多远，只告诉他们跟着向导走就行了。刚刚走出 2 ~ 3 千米，就有人开始抱怨、叫苦；走到一半的时候，有人几乎愤怒了，他们抱怨为什么要走这么远，何时才能走到头，有人甚至坐在路边不愿意走了；越往后，他们的情绪就越低落。

第二组的人知道目的地的具体方位和路程，但路边没有里程碑，只能凭借经验来判断和估计行程的时间和距离。走到一半的时候，大多数人想知道已经走了多远，比较有经验的人说："大概走了一半的路程。"大家觉得很振奋，又开始簇拥着继续往前走。当走到全程的 3/4 的时候，大家情绪开始低落，觉得疲惫不堪，而路程似乎还有很长。当有人说"快到了！""快到了！"，大家又振作起来，加快了行进的步伐。

第三组的人不仅知道目的地的具体定位和路程，而且公路旁每千米都有一块里程碑，大家边走边看里程碑，每缩短 1 千米大家便会快乐一小会儿。行进中他们用歌声和笑声来消除疲劳，情绪一直很高涨，所以很快就到达了目的地。

当人们的行动有了明确目标，并且能够把行动与目标不断加以对照，进而清楚地知道自己的行进速度与目标之间的距离的时候，人们的行动的动机就会得到维持和加强，就会自觉地克服困难，努力达到目标。

（4）前瞻性原则

前瞻性原则是指为个体设计职业生涯规划时，要超脱个体目前的发展，考虑到未来的职业发展空间，职业生涯规划要有超前性和预测性。职业生涯规划应该基于影响职业发展的核心因素和本质因素，而不是表面现象进行。比如，个体对企业文化的认知、合作与责任意识的水平可以长期影响个体的职业发展，而个人的外部形象和面试技巧仅仅能够说明个体短期的职业状况。职业生涯规划要评量核心和本质的因素，从长期发展的角度设计职业生涯规划。

大学生制订生涯规划时需要从实际情况出发，制订具体可行的发展规划。在自身条件或外界环境发生改变时，所设计的理想目标和阶段性目标都需要相应修正，这就要求所规划的目标存在可调整的空间，可以根据实际情况进行改变。即使是最终目标，也需要结合不同阶段性目标的完成情况适时修正。

（5）与集体目标一致原则

个体的职业发展无法离开所在集体的大环境、大舞台。只有借助集体宽广的职业舞台，才能实现自己的职业目标和职业理想。因此，个体的职业发展规划要与所在的行业、企业、机构的目标吻合，而不能与所在组织、机构的目标相背离。离开组织机构的发展背景，便无法实现个人的职业发展。

2.1.3.2 生涯规划的方法

生涯发展是一个动态的发展过程，掌握了基本的生涯规划方法，才能帮助个体了解自己、筹划未来，设计出符合自己特点的合理而又可行的职业生涯发展路径。一般来说，生涯理论中职业生涯规划可以划分为6个步骤，分别是个人因素评估、社会因素评估、生涯机会评估、确定职业生涯目标、制订行动方案和评估与反馈。具体内容如下：

（1）个体因素评估

根据自己所处的职业发展阶段、职业倾向和个性心理特征对自己做出全面分析。主要包括对个人的需求、能力、兴趣、性格、气质的分析，以确定什么样的职业比较适合自己和自己具备哪些能力。有两种方式可以评估自我，第一种方式是自评，包括自我问卷评估、以信息收集为目的的面谈等。参加有关职业生涯规划的研究班也有助于发现自身的职业兴趣、职业倾向及人格特质。自评是发现自我的很好工具，通过自评，你可以发现自己的优点和缺点。如果你的某项特质是在压力下才会表现出来的，那么，记得给出压力情境的条件。第二种方式是专业的测评，由职业顾问通过一系列测评工具来实现。在专业测评中，职业顾问将分析你的个人兴趣、性格与能力，给出他们认为适当的关于职业生涯的建议。

（2）社会因素评估

组织因素分析，是通过对组织特征、组织发展战略和人力资源需求进行分析，以确定自己是否适应组织环境的变化，以及怎样调整自己以适应组织的需要。社会因素分析，是对政治环境、经济环境和社会环境的分析。短期的规划比较注重组织因素的分析，长期的规划要更多地注重社会因素的分析。

（3）生涯机会评估

包括对长期机会和短期机会的评估。通过对社会环境的分析，结合本人的具体情况，评估有哪些长期的发展机会；通过对组织环境的分析，评估组织内有哪些短期的发展机会。通过职业生涯机会的评估可以确定职业和职业发展目标。

（4）确定职业生涯目标

我们首先要根据个人的专业、性格、气质、价值观及社会发展趋势确定自己的人生目标和长期目标，然后再把人生目标和长期目标进行分化，根据个人的经历和所处的组织环境制订相应的中期目标和短期目标。目标的制订要有一些标准，简单来说，目标应该具体、可观察、时间明确及可实现。具体来说就是制订目标的 SMART 原则。

① 目标应该具体（specific）。例如"我想要找一份理想的工作"，这就不是一个具体的目标。什么样的标准可以称为理想？工作环境、工作待遇还是发展机遇？这些都可能需要个体在制订目标的过程中逐步加以澄清。

② 目标应该是可以衡量的（measurable）。衡量性就是指目标应该是明确的，而不是模糊的。应该有一组明确的数据，作为衡量是否达成目标的依据，不使用形容词等概念模糊、无法衡量的描述。

③ 目标应该是可以达到的（attainable）。在"向前一小步"的基础上，制订出跳起来"摘桃"的目标，不能制订出跳起来"摘星星"的目标。

④ 目标之间应该具有一定的相关性（relevant）。实现此目标与其他目标的关联情况。如果实现了这个目标，但与其他目标完全不相关，或者相关度很低，那这个目标即使达到了，意义也不是很大。

⑤ 目标应该具有明确的时限性（time-bound）。目标特性的时限性就是指目标是有时间限制的。根据分项目标的轻重缓急，拟定完成各个目标的时间要求，定期检查完成进度，及时掌握进展和变化情况。

（5）制订行动方案

在确定以上各种类型的职业生涯目标后，就要制订相应的行动方案来实现它们，把目标转化成具体的方案和措施。这一过程中比较重要的行动方案有选择职业生涯发展路线、选择职业、制订相应的教育和培训计划。制订行动方案时应该主动寻找导师。现代社会日益强调协同、协作和资源共享，设计人生也同样要引进外部优质资源，在人生规划设计的过程中，要随时采取开放的态度，从别人的建议和自己的想法中获得新的思路，同时积极做出回应和反馈。

（6）评估与反馈

在人生的发展阶段，由于社会环境的巨大变化和一些不确定因素的存在，会使我们与原来制订的职业生涯目标及规划有所偏差，这时需要对职业生涯目标及规划进行评估并做出适当的调整，以更好地符合自身发展和社会发展的需要。职业生涯规划的评估与反馈过程是个人对自己不断认识的过程，也是对社会不断认识的过程，是使职业生涯规划更加有效的有力手段。

【本节重点】

霍兰德六角模型的人职匹配理论和舒伯的生涯发展理论是生涯规划的重要理论。我们在生涯规划时受到个体特征和情境因素的影响，要在掌握职业生涯规划原则的基础上用六步法做生涯设计。

【思考题】

1. 在应用舒伯的生涯彩虹图做生涯回顾与未来规划时，你会在角色当中怎样取舍？
2. 怎样应用职业生涯规划的原则来设计自己的生涯发展计划？

【练习与实践】

目标、例外、一小步

很多大学生都会为自己的目标积极主动地设定计划和行动方案，但是经常遇到的困惑是计划往往半途而废。本次课后练习为大家推荐焦点解决技术框架——"目标、例外、一小步"。通过聚焦问题解决之道，来解决上述常见问题。焦点解决技术的目的在于让人在遇到困惑的时候从以往的经验里寻找解决办法。这样可以节省很多能量，促进问题的解决。在既往经验中寻找例外，然后通过例外情况的增加，减少负面情绪和问题的困扰。具体练习内容如下。

步骤一：确定一个近期期望达成的目标（不要求目标合理性，只要不违背法律法规即可）。例如，我希望自己每天晚上能够按时睡觉。

步骤二：寻找既往经验中的"例外经历"。例如，过去一个月中，我曾经在什么情况下能够准时睡觉，没有想玩手机，没有想着聊天？我是如何做到这一点的？

步骤三：确定"向前一小步"。例如，如果你想要达到的状态是10分，那么现在是几分？如果要增加 1 分的话，你觉得现在可以做些什么？什么是你可以控制的？

说明：

1. 目标在焦点解决中具有关键性的意义，一定要由学生本人自愿设定。

2. "一小步"不能操之过急，要在学生能力和既往经验范围内，要相信小改变可以引发大变化。

2.2 认 识 职 业

随着全球经济形势的变化，就业形势日趋复杂化，人才市场需求发生波动，大学生想要在未来的求职择业竞争中处于有利地位，除提升专业知识和特长之外，还要对职业进行认知，了解职业的分类及发展趋势。

2.2.1 职业的分类

职业分类是指一个国家以社会分工为基础，采用一定的标准和方法，依据一定的分类原则，按照职业的性质和特点，对从业人员所从事的各种专门化的社会职业进行全面系统的划分与归类。职业的类型多种多样，每一种职业都有其自身的特点和规律。遵循经济运行的客观规律，正确地进行职业分类，对促进社会健康发展具有重大意义。世界各国国情不同，其划分的标准也有所区别。

2.2.1.1 什么是产业

认识职业之前首先要知道什么是产业。按产业结构可以分为第一产业、第二产业和第三产业。为更好地反映三次产业的发展情况，满足国民经济核算、服务业统计及其他统计调查对三次产业划分的需求，国家统计局 2013 年对其重新划分。

三次产业划分的具体范围是：第一产业是指农、林、牧、渔业（不含农、林、牧、渔服务业）；第二产业是指采矿业（不含开采辅助活动），制造业（不含金属制品、机械和设备修理业），电力、热力、燃气及水生产和供应业，建筑业；第三产业即服务业，是指除第一产业、第二产业以外的其他行业，包括批发和零售业，交通运输、仓储和邮政业，住宿和餐饮业，信息传输、软件和信息技术服务业，金融业，房地产业，租赁和商务服务业，科学研究和技术服务业，水利、环境和公共设施管理业，居民服务、修理和其他服务业，教育，卫生和社会工作，文化、体育和娱乐业，公共管理、社会保障和社会组织，国际组织，以及农、林、牧、渔业中的农、林、牧、渔服务业，采矿业中的开采辅助活动，制造业中的金属制品、机械和设备修理业。

2.2.1.2 什么是职业

职业是参与社会分工，利用专门的知识和技能，为社会创造物质财富和精神财富，获取合理报酬，作为物质生活来源，并满足精神需求的人类活动。

2015 年 7 月，国家职业分类大典修订工作委员会审议并颁布 2015 版《中华人民共和国职业分类大典》（以下简称《大典》）。新版《大典》将职业分为 8 个大类，75 个中类，434 个小类，1 481 个职业（表 2.1）。

假如根据中国职业规划师协会定义，职业包含如下方向：农村农业、生产加工、制造、服务娱乐、政治、科研教育、管理、商业。

无论采用何种划分形式，我们都应该认识到社会的产业分工是职业分类的依据。在分

表 2.1　我国的职业分类

类别号	类别名称	包括中小类及职业
第一大类	党的机关、国家机关、群众团体和社会组织、企事业单位负责人	6 个中类，15 个小类，23 个职业
第二大类	专业技术人员	11 个中类，120 个小类，451 个职业
第三大类	办事人员和有关人员	3 个中类，9 个小类，25 个职业
第四大类	社会生产服务和生活服务人员	15 个中类，93 个小类，278 个职业
第五大类	农、林、牧、渔业生产及辅助人员	6 个中类，24 个小类，52 个职业
第六大类	生产制造及有关人员	32 个中类，171 个小类，650 个职业
第七大类	军人	1 个中类，1 个小类，1 个职业
第八大类	不便分类的其他从业人员	1 个中类，1 个小类，1 个职业

工体系的每一个环节上，劳动对象、劳动工具及劳动的支出形式都各有特殊性，这种特殊性决定了各种职业之间的区别。

2.2.2　我国的职业制度

在我国，不同的用人单位根据岗位的情况对求职者提出各种要求，同时根据不同岗位的需要，国家也规定了不同的职业标准和准入制度。我们针对大学生常见的几种就业形式来为大家介绍一下职业制度。

2.2.2.1　职业的资格制度

职业资格是对从事某一职业必须具备的职业劳动知识、操作技术和其他能力的基本要求。职业资格可以分为从业资格和执业资格两类：从业资格是指从事某一专业（工种）应具备的学识、技术和能力的起点标准；执业资格是指政府对某些责任较大、社会通用性强、公共利益较强的专业（工种）实行准入资格的控制，是依法独立开业或从事某一特定专业（工种）应具备的学识、技术和能力的标准。

我国的职业资格通常分为 5 个等级，即初级（国家职业资格五级）、中级（国家职业资格四级）、高级（国家职业资格三级）、技师（国家职业资格二级）和高级技师（国家职业资格一级）。职业资格证书由中华人民共和国人力资源和社会保障部统一印制，各级地方人力资源和社会保障部门按规定办理和核发，各级都有相应的技术能力的要求与标准（详见表 2.2）。

职业资格证书制度是劳动就业制度的一项重要内容，也是一种特殊形式的国家考试制度。它是按照国家制定的职业技能标准或任职资格条件，通过政府认定的考核鉴定机构，对劳动者的技能水平或职业资格进行客观公正、科学规范的评价和鉴定，对合格者授予相应的职业资格证书。

2.2.2.2　国家公务员职业制度

国家公务员是指各级国家行政机关中除工勤人员以外的工作人员（包括国家行政机关中从事党团工作的专职工作人员，如人事部机关党委专职副书记等）。公务员的身份必须通过国家专门选任，参加公务员考试，由国家权力机构选举任命或其他法定的程序获得。

表 2.2　国家职业资格及其等级

国家职业资格	各等级的具体标准
五级（初级）	能够运用基本技能独立完成本职业的常规工作
四级（中级）	能够熟练运用基本技能独立完成本职业的常规工作； 在特定情况下，能够运用专门技能完成较为复杂的工作； 能够与他人进行合作
三级（高级）	能够熟练运用基本技能和专门技能完成较为复杂的工作； 包括完成部分非常规性工作； 能够独立处理工作中出现的问题； 能指导他人进行工作或协助培训一般操作人员
二级（技师）	能够熟练运用基本技能和专门技能完成较为复杂的、非常规性的工作； 掌握本职业的关键操作技能技术；能够独立处理和解决技术或工艺问题； 在操作技能等技术方面有创新；能组织指导他人进行工作； 能培训一般操作人员； 具有一定的管理能力
一级（高级技师）	能够熟练运用基本技能和特殊技能在本职业的各个领域完成复杂的、非常规性的工作； 熟练掌握本职业的关键操作技能技术； 能够独立处理和解决高难度的技术或工艺问题； 在技术攻关、工艺革新和技术改革方面有创新； 能组织开展技术改造、技术革新和进行专业技术培训； 具有管理能力

任何人都不能凭借某种权力或关系自然成为公务员。

（1）国家公务员的类别

我国的国家公务员分为两大类：一类是政务类公务员，即依照宪法和组织法管理、实行任期制的各级政府组成人员，一般由各级人民代表大会选举或任命；另一类是业务类公务员，即担任具体行政事务管理的政府工作人员，他们主要从事执行性、管理性工作，一般需要较强的专业知识技能。业务类公务员通常通过公开考试择优录取。

（2）国家公务员选拔考核的内容

依据各部门和地区的实际工作需要设计，主要包含以下 3 个方面：首先是知识水平，包括通用的知识和招考单位与职业岗位的专项知识；其次是行政职业能力，主要考核知觉能力、数量关系、资料分析、言语理解和判断推理等要素；最后是分析能力，分析能力的考核有两种模式，一是笔试当中的申论，即根据给出的有一定长度的文字材料，对理论问题和实际问题进行思辨性的阐述，二是在面试中对应试者进行情景模拟的测试，以鉴别其分析能力。

2.2.2.3　专业技术人员职业制度

（1）专业技术职务聘任制度

干部或职员层次的职业岗位可以分为两类：专业技术人员岗位与行政管理人员岗位。从事专业技术工作的人员，一般实行专业技术职务聘任制。专业技术职务聘任制主要在事业单位，如学校、医院、研究所、新闻单位等实施，企业、机关中也参照执行。国家对专业技术职务的类别、各类专业技术职务的任职条件，以及各单位专业技术职务人数及初、中、高级人数比例做出了规定。具有大、中专以上学历且确有真才实学、成绩突出的人员，按照一定手续申报，经审核批准后，即被聘任为某种专业技术职务。

（2）专业技术职务评定制度

事业单位的工程技术人员，实行职称评定与任用分开的管理制度，也称为"评聘分开"。职称反映的是一个人所达到的专业水平，不是一个人所担任的工作级别。职务则是一个人的工作岗位，反映了一个人的级别和"位置"的高低。专业技术人员在不同部门、岗位有着不同的职称系列，国家颁布了相应的职务试行条例，每一系列又有高级、中级、初级3个等级。

（3）技术操作岗位职务评聘制度

在企、事业单位，特别是企业单位有大量的生产操作岗位。除了特殊职业有准入制度以外，劳动和社会保障部也根据不同的岗位技术要求，设置了初级工、中级工、高级工、技师、高级技师系列职务。通过统一组织的考试和评定授予相应的资格，供用人单位选用。

2.2.2.4　职业发展趋势

由于社会经济的持续增长和科学水平的高速发展，社会分工逐步细化，专业化程度不断提高，职业也在不断地发展变化。社会、经济推动职业发展的同时，职业的发展也大大影响着社会与经济的发展，人们的择业观随着职业的发展产生变化。对于大学生来说，了解社会的职业，把握职业发展的趋势，是成功选择职业必不可少的一步。

（1）全球职业发展趋势

在中国日益融入全球发展，日益成为人类命运共同体重要维护者的背景下，了解世界职业发展趋势，已经成为大学生职业生涯规划及人生发展中至关重要的一步。职业发展的趋势影响着职业的变迁，所以大学生需要多角度、全方位地了解各领域的发展。

（2）新职业不断涌现

高度发展的科技、不断更新的知识，必然引起产业结构的调整。调整产业结构时又将导致产品结构的改变，而产品结构的改变会引起工作技能、专业知识的更替，这些变化会导致一些新职业的产生。

① 跨学科交叉导致新职业产生　生物技术与计算机技术的结合，催生了基因工程师、遗传工程师、生态农业技师和技工职业，计算机技术与生产制造业相结合，又催生了环境监测工程师、建筑信息集成（BIM）工程师等职业，这些都是多领域技术集成所造成的职业变化在第一、第二产业当中的体现。

② 技术深度发展造成职业变化　急速发展的信息和通讯技术，导致了大量数据的产生，而大数据时代的到来，造成了对大数据收集、清洗处理、加工分析、行业应用等多个环节的工作需求。不仅大数据分析人才在当下及今后的一段时期内会成为职业热点，那些在传统领域可以将大数据技术迁移到本领域做深度发掘的人才，也必然会更加抢手。

③ 社会分工变化导致新职业产生　随着社会的成熟度越来越高，以前只有在组织内才需要的管理人才，现在对个人的经济、生产和社会活动的影响越来越大，金融分析师、生涯规划师、投资咨询师、心理咨询师、人力资源管理师、保险评估师、精算师、税务代理师、理财代理师等职业应运而生，成为最新的职业。在社会服务领域，随着居民消费需

求的不断变化，一些针对个体的服务职业也有了突破性的发展。家政服务、养老护理、月子中心、形象设计、健身私教等新职业出现。

还有一些传统的职业以新的工作形态出现，例如传统的裁缝业变为服装定制，理发师变为形象设计师，销售库管人员转化物流配送员等。

（3）旧模式的职业衰落和消退

在新技术发展及新商业模式构建的挑战下，传统农业、工业和制造业的一些职业不可避免地面临消退，也有第三产业的部分职业在结构调整的过程中衰退，比如铅字排字工、票证等职业。因技术与工艺的更新，导致失去市场，往往是这些职业衰落、消退的主要原因。另外，有些时候也是由于制度和政策的限制，禁止了某些材料或工艺的使用。

（4）职业变化带来的启示

① 工作形式更加灵活　未来社会经济组织多种多样、体量庞大，其劳动内容、形式、关系也随之多样化、灵活化。既有编制内的核心员工，又有流动性较强的一般员工；既有参加到经济组织中的各类就业人员，又有大量自己创业、合作营销的劳动者。同时网络工人、临时工、业务承包、契约工作等多种劳动形式并存。

② 知识的作用占据核心　知识经济是未来社会经济的主要形式，未来的社会是人才社会，知识含量在职业劳动中占有的比重越来越大，这就要求人们的知识水平越来越高。知识经验丰富并能充分发挥的人，便是未来的"知本家"；而缺乏知识的人，只能陷入困境，处于窘迫的境地甚至面临被社会淘汰的危险。

③ 国际化逐步普及　经济在未来会越来越全球化，跨国公司、合资企业的大量涌入，为我国提供了许多国际性的岗位。随着"一带一路"战略实施，人类命运共同体的不断结合，中国对外开放将越来越多元化，新职业种类、职业劳动技能及职业管理模式的出现，为职业领域带来巨大的示范和引导作用，同时也为大学生提供着更广阔的发展前景。

【本节重点】

大学生要充分了解现代社会的职场状况及发展趋势，新技术和生产生活方式的改变，涌现出一批新的职业，也淘汰了一批原有职业。

【思考题】

新形势下，你所学专业的就业方向是否会有变化？假如有变化，你预计会产生什么变化？

【练习与实践】

职 场 调 研

以小组为单位进行社会职场调研活动，以所学专业为基点，寻找与所学专业相适应职业的岗位及岗位要求。活动要求：

1. 同学自愿结组，每组 4～6 人，至少调查所学专业能够从事的 3 个岗位。

2. 各调查小组可以采取多种方式进行调研，搜集岗位信息。

3. 选一个职业对其从属行业进行发展趋势分析，大胆预测该职业未来 5～10 年的发展态势，班级调查组进行总结，向全班汇报。

2.2.3 职业对人才的要求

初步认识职业后，大学生还需要认清当前的职业环境和用人单位对人才的具体要求，准确定位，规划好自己的大学生涯，成为具有核心竞争力的行业人才。

2.2.3.1 认识职业环境

经济、社会和科技的变革，都影响着职业环境的改变。因此，我们在进行职业生涯规划时，更要认清当前的职业环境，帮助自己根据形势变化做出正确的职业决策。对环境的认识，主要从宏观环境和微观环境两个方面入手。

2.2.3.2 认识职业的宏观环境

宏观职业环境是指从业者所选定的职业在社会环境中的发展过程和目前所处的社会地位，以及社会发展趋势对此职业的影响，包括从业者所在行业的政治环境、经济环境、文化环境和法律环境等宏观因素。

（1）政治环境

政治环境包括国外与国内的政治环境，是一切企业活动的前提。不同政治环境下形成的路线、方针、政策会给这个国家的人民生产和生活带来重大影响。政治不仅影响到一国的经济体制，还影响着企业的组织体制，进而直接影响到个人的职业发展。另外，政治制度和氛围还会潜移默化地影响个人的追求。身为大学生应该主动关心政治环境，关心政策和制度的变化，这些要素会对职业的选择和生涯发展产生重要的影响。

（2）经济环境

经济环境是指构成企业生存和发展的社会经济状况和国家经济政策。当经济振兴时，新的行业就会不断出现，新的组织也会应运而生，不断扩充编制，从而为就业及晋升创造有利条件；当经济处于萧条期，企业的效率大大降低，对人力资源的需求也就减少了，进而个人职业选择和职业发展的机会也会大大减少。另外，在经济发展水平高的地区，企业相对集中，个人职业选择的机会和挑战也就更多了，这也是为什么人才会涌向发达地区；在经济相对落后的地区，个人职业发展机会有可能会大大减少，但也有可能从中找到商机，体现个人优势，实现突破。

（3）文化环境

文化环境是指个人和单位所处的社会结构、社会风俗和习惯、信仰和价值观念、行为规范、生活方式、文化传统、人口规模与地理分布等因素。中国是一个幅员辽阔的大国，文化的复杂性决定了个人职业选择与职业发展要充分考虑所在地区的文化环境。

（4）法律环境

法律环境是指职业人士所处的法律氛围，它不仅受制于法律，而且受法律保护。大学生需要关注和了解劳动法律法规，对法律法规了解得越多，就越能增强自己的职业能力，避免在职业生涯规划上走弯路。

2.2.3.3 微观环境

微观环境同样也是影响我们未来职业生涯的重要因素。个人人格品质的形成及个人的成长离不开周围环境的影响。其中，与大学生联系最为密切的主要为家庭生活环境和校园生活环境。

（1）家庭生活环境

家庭环境是人出生后最先接触的环境，是我们认知世界的第一途径。家庭环境潜移默化地影响着我们的言谈举止、脾气秉性和生活习惯等。对于家庭而言，一方面我们要认识到家庭环境会对我们的职业选择产生积极或消极的影响，例如不同家庭环境下时间、精力、资金、社会资源等条件的不同会影响我们职业规划的积极性、视野和期望值等；另一方面，我们要积极主动地利用或者跳出家庭环境，客观分析家庭条件、家长对我们的职业期望、家庭成员职业榜样对我们的影响，综合分析后，客观做出自己的职业选择。

（2）校园生活环境

大学校园是大学生学习、生活之地。丰富多彩的校园文化一方面能够为校风、学风的形成提供良好的阵地，另一方面还是提升大学生素质和能力的重要载体和途径。

校园文化促使大学职业生涯规划更具导向性，一个积极向上，面向未来发展、注重学生个体全面发展的校园文化将有助于学生形成正确的世界观、人生观和价值观。通过教师的指引和同学间的相互讨论，大学生会根据自己的兴趣和长处，制订相应的职业生涯规划，明确目标并为之努力。

校园文化使学生职业生涯的尝试更富于实践性。大学生可以通过学生社团组织的专业技能比赛，直接或间接地参与和了解与今后职业活动密切相关的技能，并熟悉、提取、交流、学习这方面的基本流程。这必然会影响到我们的职业生涯规划。

2.2.4　用人单位对大学生的职业素质要求

要想获得职场成功，个人的专业知识固然重要，但是知识会被淘汰，用人单位更加看重的是个人的综合素质及能力发展的空间。

2.2.4.1　用人单位对大学生的素质要求

一般而言，用人单位对大学生职业基本素质的要求主要体现在以下几个方面。

（1）诚信

诚信，汉语词典释义为"能够履行跟人约定的事情而取得的信任"。现代企业讲求诚信，诚信已不仅是一种道德，更是一种人格素养，是社会进步不可缺少的无形资本。诚信是个人品牌的核心内容，所有人竞争力的核心都来源于诚信。

大学生未来毕业时有可能出现的失信问题，包括简历中的虚假陈述、面试成功后无故拒签、签约后随意毁约等问题，这些问题不仅仅影响着本人的诚信与就业成败，更影响着学校的声誉和用人单位的人事安排。我们要树立起诚信意识，才能进入到自己所能胜任的领域，提高就业核心竞争力，实现自我价值。

（2）责任感

责任感是指社会群体或者个人在一定条件下形成的为建立和谐社会关系而履行各种义务的自律意识和人格素养。大学生的责任感是对自己提出的要求及对自身行为的约束。在社会范围内，责任感不仅指工作和生活中的责任心，更是一个在承担社会责任的同时实现个人价值和社会价值的过程。

部分大学生只追求自己的需要而不愿意对职业承担责任的想法越来越受到用人单位的排斥。我们应该积极认识自我，参与志愿服务和实践活动，在实际生活中发现自己的优、缺点，弥补不足。

（3）勤奋

勤奋从古至今一直是走向成功必不可少的素养。个体的成功，不仅在于环境、机遇、天赋、学识等外部因素，更重要的是依赖于自身的勤奋与努力。大多数成功人士起初的素质并不高，但贵在有一颗勤奋之心，经过长期地不懈努力，不仅弥补了原来的缺点和不足，还能成为高级人才并成就大业。

大学生需要注意的是，勤奋并非用蛮力。勤奋是脑、体综合的一种素质，勤奋与高效工作并不矛盾，它强调有计划地持续性从事一份工作，而非简单重复。

（4）主动

主动性是指人在完成某项活动的过程中，不依赖外力推动，而是按照自己规定或设置的目标去行动的行为品质。在职业生涯中，主动性常常表现为强烈的事业心、进取心和责任心。作为大学生，在工作中能预见未来并事先采取行动，积极努力工作，则是主动性的体现。主动性更是引导或推动自己达到目标的积极情绪倾向，心理学研究证明：人们的智力相差无几，一个人要取得骄人的成就，不仅靠他的才智，更要看他是否具有奋发图强和主动进取的精神。

（5）独立

要想在职场中自立，就要培养自己独立的人格。在工作中，每个人都需要别人的帮助，但是接受别人帮助的同时也必须发挥自己的主观能动性。很难设想，一个把自己的命运寄托在他人身上，什么事情都靠别人指点才能过日子的人，会有什么大的作为。

2.2.4.2 用人单位对大学生的能力要求

大学生在毕业后能否顺利找到合适的岗位很大程度上取决于本人职业能力的高低，所以我们不仅要了解用人单位对某一岗位的学历、年龄、专业、核心知识等客观选拔标准，还要准确把握用人单位对职业的能力要求，为就业做好充分准备。

（1）信息处理能力

信息处理能力主要包括运用信息工具、获取信息、处理信息、生成信息、创造信息和发挥信息作用等方面的能力。随着我国政治、经济、文化等方面的快速发展，人们的工作、生活越来越走向信息化。目前随着全球贸易保护主义抬头，我国迫切需要提升独立自主的信息数据处理能力，这在当前任何一个具有发展潜力的行业里都是普遍存在的需求。因此，当今社会迫切需要掌握信息知识的高水平人才。只有那些掌握了丰富的信息知识并且在相应的规定和要求下自由发挥此能力的人，才有可能成为未来社会的中流砥柱。

作为新时期的大学生，我们具有思想活跃、思维敏捷、易于接受新生事物的特点而成为受信息获取方式影响最大的一个群体。新媒体的发展对大学生获取信息方式产生着积极的影响。大学生要培养自我教育意识，利用校内外各种资源学习信息与数据的收集、分析、处理、展示能力，为将来的职业应用打下基础。

（2）终身学习能力

终身学习指社会每个成员为适应社会发展和实现个体发展的需要，贯穿于人的一生的、持续的学习过程。当前正值技术革新及社会结构发生急剧变化的时期。这一巨大变化不仅表现在生产、流通、消费等领域的经济结构、过程及功能方面，甚至还影响到日常生活方式和普通家庭生活，使之也发生了巨大的变化。人们面对的是全新的和不断变化发展的职业、家庭和社会生活，若要与之适应，就必须用新的知识、技能和观念来武装自己。大学之初，我们应该通过生涯规划课程、高年级学长及校友的生涯访谈等途径，了解大学学习与以后的职业发展方向，确立自己的学习目标，制订自主学习计划，养成终身学习的习惯，培养自己学会自我监控、自我评价和自我激励等。

（3）主动创新能力

创新能力是民族进步的灵魂，是国家兴旺的动力。所谓创新能力是指个体在技术和各种实践活动领域中不断提供具有经济价值、社会价值、生态价值的新思想、新理论、新方法和新发明的能力。

大学阶段是培养自己主动创新能力最好的阶段。我们在大学期间首先要敢于不墨守成规，乐于探索新规律，不迷信权威，不盲目效仿他人做法，培养自己拼搏进取、坚定勇敢、自信乐观的精神，迎接未来的挑战；其次要强化我们的创新意识，创新意识主要指对创新意义的认识和对创新行为的动机。对创新意义的认识越深刻，创新动机就越强烈；创新动机越强烈，就越能产生创新行为。我们要认识到，实践是创新精神的源泉。大学期间，我们要多参加科学研究实践和社会实践。在实践活动中，一方面要主动证明和检验自己学过的知识和理论，另一方面要主动发现新的现象和新的问题，以此增强自己的创新能力和创新精神。

（4）团队协作能力

团队协作能力是指团队成员为完成共同目标而互补互助、共同努力完成某一任务的能力。团队协作与独立工作并不矛盾，提高团队协作能力需要注意三点：第一，团队出发点是尊重个人成就与爱好，本质是共同奉献，要素是尊重、欣赏、宽容、平等、信任等。大学生提升团队协作能力，首先要相互平等，相互尊重。虽然团队中每一个人个性、性格不尽相同，但每一个人都是渴望被尊重的，只有团队中互相尊重彼此的意见和观点、技术和能力，团队才可团结协作。第二，相互欣赏，相互包容。即使是在竞争异常激烈的职场中，欣赏与包容仍是能让你尽快融入团队之中的捷径。第三，遵守承诺。无论是大学期间还是未来的职场生涯，对团队做出的承诺要遵守并执行下去，才能树立自己的个人信誉。

（5）人际交往能力

人际交往能力，是人与人之间良好相处的能力。人际交往能力的高低某种程度上会决定大学生在职场中的成败。大学生要加强人际交往能力，首先要讲究诚信、平等、互惠互利的原则；其次要提高交往的技巧，包括了解别人、学会说话等；再次要克服自卑、嫉妒、猜忌、恐惧等负面心理，勇于与人交往；最后，积极参加各类比赛等集体活动，以及志愿服务和实践活动，在活动中锻炼自己，提高能力。

此外，提升人际交往能力还要提升自己的沟通和表达技巧。

沟通能够帮助我们就工作中产生的一系列问题和冲突达成共识，所以有效沟通是职业人士必备的素养。企业中的大部分矛盾和问题是由于沟通障碍引起的，沟通能够解决组织中的冲突，使大家达成共识，从而提高组织和企业的效率。

表达能力又叫作表现能力或显示能力，指一个人把自己的思想、情感、想法和意图等，用语言、文字、图形、表情和动作等清晰明确地表达出来，并善于让他人理解、体会和掌握。走向工作后，任务的下达、文案的编辑、工作的汇报无不需要我们具备良好的表达能力。因此对大学毕业生来说，表达能力的重要性是不言而喻的。

（6）环境适应能力

环境适应能力是指个体在社会生活中通过改变自己的社会角色以达到与环境和谐统一的能力。一个人适应社会的能力是其素质、能力的综合反映，与其思想品德、知识技能、活动能力、创新能力、处理人际关系的能力及健康等是密切联系的。

【案例分析】

克服自卑，提升职场适应力

25岁的小云（化名），本科毕业于上海电机学院，英语六级，德语专四水平，毕业后进入一家大型企业从事人事助理的工作。但其在试用期间工作并不顺利，多次受到领导的指责，于是选择了辞职，此后近两年的时间里，也因总觉得自己无法胜任而没有稳定就业。这样波折的求职经历让她对自己的职业规划越来越迷茫，一到面试就头脑空白。

这些都是她严重自卑情结的体现，在求职上她有以下三点问题需要改进：

一、强烈的自卑导致面试紧张。因为父母评价不高，经常被用来和家中哥哥姐姐比较，小云性格内向又严重自卑，面试任何工作都没有自信，所以一到面试她就紧张到头脑一片空白，自身所具有的优势也无法展现。此外，小云缺乏一定的面试技巧，在问到工作经历时她就自报短处，种种原因下导致了她的落选。

二、缺乏正确客观的自我评价。小云总能找到自我否定的理由，甚至举例证明自己在工作上"缺乏能力"，断定自己无法胜任，层层否定下，她看不到自己的优势，也找不到自己的职业定位。

三、缺乏职场适应能力。小云初入职场，在试用期内就经常被领导责骂，感到了强烈的挫败感和自我怀疑，其实这正是因为她缺乏职场适应能力。离开学校进入社会后，都会有一段身份转换后的不适应过程，但小云过分拘泥于这段过程的痛苦，而没有在这个过程中实现自我发展和蜕变。最终这段工作经历成为了她往后不自信的根源之一。

其实仔细分析小云的第一段工作经历，失败原因很大程度上是因为小云缺乏职场适应能力，没有顺利从学生角色转换为职业角色。案例中的指导员对她进行了非智力因素技能的训练，建议小云大胆展示自己的优势，如条理清晰的沟通能力和语言特长，避免给人留下"害羞""胆怯"的不良印象，同时一定要有"受挫"的心理准备。这些训练将有助于提升小云的职场适应力。

（7）时间管理能力

时间管理是现代管理学兴起后产生的一个概念，是为了提高时间的有效性和利用率，运用技巧、方法对时间进行计划和管理的过程。大学生大多缺乏时间和计划管理，因为告别高中生活，相对开放的教育将管理的权限完全交给学生自己，学生的自我约束能力有限，"早晨睡不醒，晚上睡不着"现象也就比比皆是，课堂中学习效率低，课后部分同学把本应学习的时间都投身到逛街、谈恋爱、网络游戏、追剧、社团活动中。面对纷繁的大学生活，学生在现实生活中更需要平衡时间需求，只有从内心中真正认识到时间的价值，明确自己的奋斗目标，扩充课外学习时间，缩减过量休闲时间，积极开展自我评价，才能科学、合理地支配时间，对自己进行有效的自我管理，成为时间的主人。

【本节重点】

大学生要掌握职业环境探索与分析的方法，认识到职业社会对人才有素质与能力的各项要求。

【思考题】

1. 你的家庭对你未来的职业选择有何影响？哪些是有利条件，哪些是限制条件，针对限制条件，你准备如何处理？

2. 与你的专业紧密结合的职业能力有哪些？自己在哪些方面是有优势的，哪些方面还有欠缺？

【练习与实践】

填写职业素质培养计划表

仔细思考你的职业素质培养计划，可以回顾过去自己的想法，可以展望毕业后的自己。将思考内容在下表中记录下来，时刻提醒自己去完成目标。

职业素质培养计划表

素质名称	与目标差距	素质提升时间	实施计划

第三章 大学生涯与职业准备

【本章学习重点】

1. 学会开展自我探索。
2. 学会对自己大学期间的学业、生活等进行有效的管理。
3. 了解社会实践的各种类型，积极参与适合自己的社会实践。

3.1 大学期间的自我探索

生涯规划像是一场人生重要的航行，自我探索就像是旅行中的船锚。清楚地认识自我，就不怕在未来的职场和人生的风暴中颠覆，知道自己从哪里来、到哪里去。职业生涯发展有着很大的偶然性和机遇性，即使是规划好的职业生涯方案，也需要根据内外因素变化进行调整。在这个过程中，容易改变的是外部的环境，如经济结构调整、社会发展、群体意识改变等，自我内在的价值观、能力结构、基本素养等则相对不容易改变，职业生涯规划始终关注的核心要素（即我们个人的能力素质发展）更不容易改变。因此，自我探索对于生涯发展来说，具有非常重要的意义。

3.1.1 认知自我——内职业生涯发展

随着市场经济的快速发展，市场的竞争越来越激烈。企业在竞争中能保持持续的发展，归根结底是企业人才的竞争。那企业是如何判定人才的呢？学历、年龄、职位、大企业或先进企业的经历、曾经取得的成绩等都是判断人才的指标，但仅供参考。因为有学历不等于有知识，没学历不等于没能力；年龄小不等于潜力大，年龄大也不等于没发展。企业最为看重的是人才的成长性和主动性，而这些都是内职业生涯的核心要素。

自我认知是生涯规划和发展的基础，对于职业世界的探索和认知则是生涯发展的前提条件。内职业生涯是指从事一项职业时所具备的知识、观念、心理素质、能力、内心感受等因素的组合及其变化过程；外职业生涯则是指从事职业时的工作单位、工作地点、工作内容、工作职务、工作环境、工资待遇等因素的组合及其变化过程。两者的关系紧密而不可分：内职业生涯发展是外职业生涯发展的前提，内职业生涯带动外职业生涯的发展；外职业生涯的因素通常由别人决定、给予，也容易被别人否定、剥夺；内职业生涯的因素由自己探索、获得，并且不随外职业生涯因素的改变而丧失。内外职业生涯的关系，如果用一棵树来比喻，那么外职业生涯就像树干、树冠、树叶、果实等，它们显而易见，任何人都希望自己的职业生涯之树茁壮挺拔、枝繁叶茂、硕果累累，但这样一棵参天大树不是凭空长成的，内职业生涯就像地下庞大的根系给了枝干和树冠强有力的支撑，汲取并输送着大树所需的营养。

内职业生涯是人力真正的资本所在，提高内职业生涯而取得的工作成绩，会转化为外职业生涯；内职业生涯在人的职业生涯成功乃至人生成功中都具有关键性作用。因而在职业生涯的各个阶段，我们都应重视内职业生涯的发展。对于尚未毕业的大学生，在职业生涯准备期和前期，一定要把对内职业生涯各因素的追求看得比外在的工作条件待遇等更为重要。

理解了内职业生涯和外职业生涯的概念和关系，我们就会在职业发展过程中，摆正自己的位置，评估自身价值，对于职业发展过程中遇到的挫折和失败也会准确地评价和认知。这些收获与成长终究会成为内职业生涯的增长点。

3.1.2　幻想式的自我探索方法

针对大学生社会经历比较少，尚处于生涯发展准备期的阶段特点，在生涯规划的过程中，我们可以尝试使用幻想技术，帮助自己在轻松、愉快的氛围中，"不经意"地挖掘内在的职业发展萌芽和职业价值取向。

幻想技术在心理咨询中又称为引导式幻想。据记载，它最早在心理咨询中的应用出现在 1938 年。1950 年，有学者将幻想技术运用在职业兴趣与职业选择方面。幻想技术不同于催眠，不需要实施者和参与者进行特定的资格认定，在放松、幻游、经验分享等轻松的步骤中即可完成，更为强调参与者自我探索和体验。

3.1.3　幻想技术在生涯规划中的作用

幻想技术在生涯规划上的应用价值主要有如下几方面：第一，反映真实的需求；第二澄清生涯价值观；第三，消除过分的心理防御，较为容易、快速地营造开放的心境；第四，刺激大脑平衡决策；第五，树立未来的生涯愿景。

3.1.3.1　反映丰富的内在经验

在意识发挥作用的状态下，大学生能够想到的职业选择有时候并不是自己真实的需要，往往会带着家长或其他人的痕迹。但是在放松的幻想环节中，潜意识中内在需求有可能会慢慢浮现。因此，在幻想中出现的信息往往是现实世界中"可望不可即"的期待，将幻想中不经意出现的信息定格、显影，有助于我们觉察到内在真实的需求。在幻想中出现的影像，宛如浓雾中的灯塔，是一种隐隐约约的指引，即使与书面评测结果不一定完全一致，甚至可能完全相反，却有一种持久的牵引力、推动力。如果在幻想中出现空白或者模糊不清的影像也是有意义的，除了有些人是因为某些原因进入睡眠状态而无法呈现细节，空白或者模糊不清的影像所显示的是对自己内在需求的认知尚处于不清晰、不确定或者是相互冲突的状态。

3.1.3.2　澄清生涯价值观

在幻想过程中出现的内在需求，往往能反映出不同层次的工作价值取向。价值观的澄清是一项深具复杂性与隐藏性的工作，尤其对于缺少必要职业经历和实践的大学生而言，他们甚至说不清楚自己的价值取向是什么。在招聘实践中，往往有用人单位抱怨现在的大学生功利心太强，除了工资、待遇，其他什么都不看重。事实上，很可能是这些大学生并不清楚自己的职业价值观到底是什么样子的，只好人云亦云地拿工资、待遇等外职业生涯指标来衡量自身的价值。人们往往根据价值取向来决定行为的方向，如果价值的认定是片面和肤浅的，那么这样的生涯规划方案也将是非常低效的。

3.1.3.3　快速营造开放的心境

面对他人彻底放松和打开心境是很不容易的事情。当代大学生自我意识更加明显、强烈，这种强调自我认知和体验的活动，可以让我们注意力集中在与自我内心真正的碰触。正因为这种放松状态下对自我内在的探索生动、新鲜、自然，幻想之后的讨论就更容易水到渠成，更容易真诚而深入地接触到价值观问题的核心。

3.1.3.4　刺激大脑平衡决策

人的大脑左右半球各司其职，左脑往往负责理性分析和逻辑判断，右脑则负责情绪的调节和控制。在过往的学习经验中，我们往往都是通过左脑理性认知和信息加工，而在生涯规划过程中，我们可以利用幻想让大脑左半球稍作休息，刺激大脑右半球活跃起来。有些大学生对于理性的生涯决策过程感到不耐烦，幻想过程则正好可以平衡大脑对不同性质信息刺激的处理。如果说平衡状态是一项有关人体身心健康的重要指标，那么幻想活动的一个潜在价值就是把个体的身心拉回到平衡状态。

3.1.3.5　树立未来的生涯愿景

生涯规划中的幻想活动可以在我们学习生涯规划的全过程进行，因为它具有投射未来生涯愿景的作用。在做过生涯幻想的讨论后，我们对于自我觉察或者价值澄清有了进一步体验的基础上，幻想中出现的生涯愿景，就可以发挥灯塔和路标的作用，让我们更有朝向目标前进的行动力。

3.1.4　生涯规划幻想技术的实施步骤

幻想技术的实施大致可以分为5个阶段：树立认识、身心放松、开始幻游、重新归返和讨论。我们可以以班级为实施群体，由教师牵头作为引导人。也可以参考如下的实施步骤，自己设计一个适合的技术方案，选出一位引导人，在宿舍内或者好友间实施。

3.1.4.1　树立认识

在正式开始之前，我们要做好相应的心理准备，毕竟幻想技术不同于一般的价值观和职业倾向测试，需要学生的全情参与，我们要秉持自愿原则参与活动。我们需要认识到这几件事：第一，幻想的过程是很自然的；第二，幻想在生涯规划中是有效的；第三，在某些幻想过程中会产生情绪，这是自然的；第四，幻想进行时，可以天马行空，不必受到时空的限制；第五，幻想的一切过程都在自己的掌握中，不会失控。

3.1.4.2　身心放松

接下来，我们要在引导人的引导词引领下放松身心，进入一种平静、放松的情境，才能让意识和心灵充分开放。自我暗示放松的训练既可以直接使用语言引导，也可以配以轻松的音乐，加速自我的放松。引导词的语速快慢，可以根据年级和年龄而定，对于大学生而言语速可以稍快。在放松过程中务必要注意，参与者如果有任何不舒服的感觉，应该立即停止。在任何情况下，我们均需将眼睛闭上，不得偷窥他人的反应。

3.1.4.3　开始幻游

对于大学生生涯规划而言，幻游的过程比较适合静默式，即参与者不需要与引导人互动，只要跟随引导词想象"典型的一天"即可。需要注意的事项包括如下两项：第一，每个情景需要留有足够的时间，让参与者能够进行心理上的转换，宁慢勿快；第二，引导人的引导非常重要，参与者所经历的感觉形式越多样，如看、闻、听、尝、摸等，参与者的体验也就越丰富，所能提供的讨论信息也能越有价值。

3.1.4.4 重新归返

归返阶段就是让参与者重新回到此时此刻的现场。注意与前一阶段的衔接不可过于生硬，否则会让参与者有身心紧张的感觉，不利于后续开展讨论。

3.1.4.5 讨论

这是幻想技术实施过程的最后一个环节，活动的主导者应该是参与者，而不是引导人。在讨论环节中参与者把幻游中的经验及印象分享出来。讨论时，最重要的是提醒自己注意幻游中哪些内容与目前经验相同或相似的，又有哪些内容是完全不同的，要特别琢磨的是那些不同之处，这些地方往往可能暗示或者蕴藏着参与者潜意识里期望，但是意识层面未意识到或者目前未得到满足的需求；鼓励我们自己识别通过幻游活动透露出来的自然信息，注意有没有"以前未做"而"将来能做"的事情。

【本节重点】

内职业生涯发展是生涯规划与实施的基础核心。我们需要对自我进行探索，利用科学方法来反映丰富的内在经验，澄清我们的生涯价值观，刺激大脑平衡决策，从而树立未来的生涯愿景。

【思考题】

1. 如何认识内职业生涯与外职业生涯的关系？
2. 除了生涯幻想技术，你还可以找到什么办法帮助实施自我探索？

【练习与实践】

应用生涯规划幻想技术

1. 放松

现在，我们要进行放松训练，请静下心来倾听，然后按照我所说的话去做。

第一步，调整你的姿势，请你把眼睛闭起来，感受你全身的重量是否均匀分配在你的四肢与背部，你左右两边的重量是否平衡。

第二步，尝试着去感受你的心跳。

第三步，请你把一部分注意力转移到你的呼吸上，自然地吸，慢慢地呼。

第四步，请你把注意力移到两个掌心，然后在心里暗示自己：让我的手心温暖起来，让我的手心温暖起来。

现在，你的注意力分散在 4 方面：注意身体的平衡；感觉自己的心跳；轻轻地吸，慢慢地呼；暗示自己手心的温暖。

2. 幻游（静默式）

接下来，我们坐进时空隧道机里，来到了 5 年后的世界，这时的你几岁呢？容貌如何？请展开想象 5 年后的情形——

清晨，此刻的你从家里卧室的床上醒来，映入眼帘的是天花板的颜色，它是什么颜色呢？你清醒片刻准备下床，光脚感受着地面的温度，一番梳洗后你挑选合适的衣服换上，站在镜子面前审视自己，这是怎样的一身衣服呢？你收拾妥当后坐下来吃早餐，摆在你面前的是什么食物，坐在你对面和你共同用餐的人又是谁？你们谈笑一阵后，各自开启晨间工作模式，你提上包离开家里大门，这个时候回头，出现在你眼前的家，是一栋什么样的房子？你使用了什么交通工具去往工作地点？

很快，你到达了你工作的地方，请你思考一下，你喜欢这里的什么，它是一个怎样的地方呢？你与同事打了招呼，他们又如何称呼你？周围出现的人此刻又正在做什么？你在你的办公桌前坐下，计划了今天要完成的事，然后开始了上午的工作，就在这个时候桌上的电话响起，你接起电话聊了些什么？随后你根据计划找到同事开始讨论工作事务，你们这场谈话又说了些什么？之后的你，沉浸在工作中，慢慢度过了上午的时间，回想一下，你都与谁在一起做了些什么呢？

到了午餐时间，你的用餐环境如何，周围又有谁，你的心情怎样？下午的工作展开，又和上午的工作有哪里不同，你是独自工作还是与团队协作，是什么类型的工作，你对待这份工作的心情愉悦吗？

你即将结束一天的工作，收拾完东西，你是准备直接回家还是做一些其他的活动？天色将晚，推开家门，此刻是否有人在开着灯等你？如果你们共进晚餐，你们又吃了什么呢？

深夜，你洗漱完毕就寝，正计划明日要参加的颁奖典礼，你将接受的是怎样的奖项呢？谁为你颁奖，你又如何发表自己的获奖感言？很晚了，睡吧，回忆着今日的工作与生活，许下美好的愿望，进入梦乡，安心睡吧……一分钟后，我会叫醒你。

3. 归返

我们慢慢回到这里，你还记得你所在的位置不是在床上而是在此处吗？那个美好又忙碌的一天已慢慢模糊了，现在，你慢慢想象自己回到了刚开始的地方，回忆这里的窗帘、桌椅、黑板……现在我从10开始倒数，当我数到0的时候你就可以睁开眼睛了。好，10-9-8-7-6-5-4-3-2-1-0。慢慢地睁开眼睛，看看这个教室……（当每一个人的神智回到现场后，问大家："刚才感觉怎么样？"）

第四章 职场适应

【本章学习重点】

1. 学校与职场的区别，学生与职业人的区别。
2. 大学生初入职场的应对。
3. 职业道德、职业意识、职业心态的定义和内容。
4. 职业综合素质的提升方法。

告别校园，步入职场，是大学生从学生走向职业人的第一步，也是至关重要的一步。但从麦可思《中国 2016—2018 届大学毕业生培养质量跟踪评价》中显示，近 3 年（2016—2018 年）全国大学生就业满意度 [①] 分别为 66%、68%、68%，工作与专业相关度 [②] 分别为 70%、71%、71%，职业期待吻合度 [③] 分别为 51%、52%、52%，都不是很高。究其原因，一些大学生走出校园的前几年，对自己的职业和未来的发展没有清晰的认识，一直到工作很久以后，还找不到自己职业发展的定位与方向；还有一些大学生认为自己是天之骄子，频繁更换工作，最后发现其实哪家单位都差不多，问题不在单位，而在自己。因此，了解学校和职场、学生和职业人的差别，建立对职场客观、合理的期待，在心理上做好进入职业角色的准备，实现从学生到职业人的顺利转变，是十分必要的。

4.1 从大学到职场

4.1.1 大学与职场的区别

大学生初入职场，是指大学毕业生走出校园，初次步入工作单位，完成从学生到职业人的转换，这是大学毕业生社会化过程中的重要一步，也是大学生职业生涯的至关重要一步。对于初涉职场的大学生来说，转型是否成功，将对其职业生涯发展产生重要的影响。

在大学生心中，学校是家庭的延伸，老师像父母一样关心爱护学生，以至于许多学生的母校情结始终挥之不去，伴随一生。部分大学生毕业之后，仍然徘徊在校园里也是这个原因。但是，学校始终都只是一个驿站，大学生终究要走向职场，成为社会的建设者和接

[①] 就业满意度：由就业的毕业生对自己目前的就业现状进行主观判断，选项有"很满意""满意""不满意""很不满意""无法评估"5 项。其中，选择"满意"或"很满意"的人属于对就业现状满意，选择"不满意"或"很不满意"的人属于对就业现状不满意。

[②] 工作与专业相关度 = 受雇全职工作并且与专业相关的毕业生人数 / 受雇全职工作的毕业生人数。

[③] 职业期待吻合度：毕业生的工作与职业期待吻合的人数百分比。

班人。然而，学校生活与职场生存的差别使得部分学生迟迟难以进入状态。

4.1.1.1　环境不同

（1）物理环境不同

大学生面临的是学校环境，是寝室—教室—图书馆—食堂四点一线的简单环境，有寒暑假，自由支配时间多，生活相对安逸；职业人面临的是社会环境，工作紧张，没有寒暑假，自由支配时间少，生活节奏快。这种变化，给刚一入职的毕业生造成很大的心理和精神压力。

（2）社会环境不同

随着学习时间的延长，有的毕业生经历了读研、考博后，年龄慢慢变大，一毕业就面临租/买房、结婚、生子、赡养父母等问题。这些复杂问题与职场共同作用，直接或间接影响毕业生的职场适应。毕业生刚一入职，就要扮演如此多的角色和面对这么复杂的社会环境，往往不知所措。

4.1.1.2　存在基础不同

学校是非盈利机构，是传播知识和学问的地方。同学之间是纯洁的友谊关系，师生之间是良师益友；职场却是一幅天下熙熙皆为利来，天下攘攘皆为利往的场景，是各种为了特定目标集合在一起的组织的聚合体，是以利益往来和利益交换为存在基础的。

4.1.1.3　文化不同

校园文化以宽容、平等、包容、自由为主旋律。不同的校园有着不同的文化，但主旋律是相同的。企业文化，一般指企业在长期发展中形成的共同理想、基本价值观、作风、生活习惯和行为规范的总称，是企业在经营管理过程中创造的具有本企业特色的精神财富的总和，对企业成员有感召力和凝聚力，能把众多人的兴趣、目的、需要，以及由此产生的行为统一起来，是企业长期文化建设的反映。它包含价值观、最高目标、行为准则、管理制度、道德风尚等内容。它以全体员工为工作对象，通过宣传、教育、培训、文化娱乐和交心联谊等方式，以最大限度地统一员工意志，规范员工行为，凝聚员工力量，为企业总目标服务。不同企业有着自己不同的企业文化，许多企业的文化甚至是相反的。

有的企业崇尚狼性文化，即狼其性也：野、残、贪、暴。狼性文化之"野"，指在工作和事业开拓中不要命的拼搏精神；狼性文化之"残"，是指对待工作中的困难要一个一个地、毫不留情地把它们克服掉、消灭掉；狼性文化之"贪"，指对工作和事业孜孜不倦地追求；狼性文化之"暴"，则是指在工作的逆境中，要粗暴地对待一个又一个难关，不能对难关仁慈。

而硅谷文化却与此相反，他们崇尚四化，即推门文化、试错文化、工程师文化和没有规则的规则。

【案例分析】

硅谷模式的 4 个核心文化

1. 硅谷企业的"推门文化"

硅谷企业的推门文化是一种平等文化，在硅谷的许多企业里，无论办公室里坐的是多高位的领导，只要员工有思考成熟的想法或是建议，他们就可以直接推门进入办公室向领导进行阐述。对比传统公司无法避免多层级和中间环节的管理结构，硅谷公司不用死板地遵守汇报规则，也就不会导致官僚化，影响阻碍信息的及时传递，从而保证了工作效率的最大化。

另外，硅谷的许多公司还会设立许多彼此平行、强调因事设岗的团队和事业部，而当团队事务结束时这个团队便会被重新调整或撤并，在此团队带头人的选拔上硅谷更是谨慎公正，在提拔一个人时需要至少获得五个团队成员的认可，这样便能高效找到最合理的领导者。

2. 硅谷企业的"试错文化"

硅谷公司与传统公司最大的不同就在于是否敢于试错，敢于迈出探索的第一步。试错的精髓在于不问结果而先行动，不去尝试便连失败的可能都不存在。这种试错文化，在硅谷公司的人眼里是美国能在短短200多年里，成长为当今世界最大的超级大国的重要因素，美国的成功就是在不断试错和完善下得到的结果，而硅谷的演变与发展，正与这种美国文化一脉相承。

硅谷企业的高容错率，让工程师们的新鲜想法能得到实践，他们认为如果实践后能成功那便是共赢，如果失败，那也是职业路上的尝试而已——这是探索精神的表达。

3. 硅谷企业的"工程师文化"

工程师文化的本质是以解决问题为导向的工作文化。硅谷企业里一个人能取得多大成就，很大程度上依赖于他能在多大程度上解决问题，工程师们凭借对技术和解决问题的热情，保持着对技术和创新的追求，获得了与自身实力相匹配的地位、声誉和威望。另外，一个资深工程师的收入甚至能超过政府高级官员，这让很多人甘愿就就业业地做一辈子工程师。

4. 硅谷企业的"没有规则的规则"

硅谷公司采用软性管理的方法，对不同的团队进行统一协调，让员工明确公司未来发展方向和阶段性任务，并对员工的贡献做出客观评估，与此同时，公司给员工创造自由的环境，并鼓励每个人发挥自己最大的才能，其中的年轻员工在这种文化下更容易抛开传统规则束缚，乐于接纳变革，慢慢地，这种硅谷文化被一代代人传承下去，成为在全球都有竞争力的企业文化。

4.1.2 从学生到职业人的区别与转换

4.1.2.1 学生与职业人的5大区别

学生是准职业人，在学校期间的学习、实践活动，都是为成为职业人打下基础。职业化程度的高低，一定程度上决定着大学生未来职业生涯的成败。学生与职业人的区别如下。

（1）立场不同

学生与职业人处于不同的立场。对学校而言，学生是当仁不让的主体，学生享有主体地位，学校是为学生服务的；对职场而言，职业人则是客体，职业人是为职场服务的。因此必须明确不同的立场，便于角色的转化。

（2）心态不同

大学里是学生心态，学生等着老师上课，老师教什么，学生学什么，是一个被动等待、被动接受的过程；职场上是职场心态，没有人会为你主动上课，也没有人教你怎么做，需要职场人发现问题，主动思考，主动提问，主动学习，主动解决。

（3）责任不同

大学生还是一个不断学习的过程，在不触犯法律、法规的条件下，有一定的容错率，由于自己的疏忽、马虎造成的错误，影响的无非是分数的高低，不用承担过多的责任。成为职业人以后，如果在工作中犯了错误，可能会给企业带来巨大的损失，当事人视情节而定，将要承担相应的风险，轻的扣工资，重的甚至会解雇。

（4）年龄不同

在学校，同学都是同龄人，都有着共同的目标——学习知识。生活经历也往往较为相似，共同点多，交流的话题也多，学生在来到大学不久就能够融入集体，找到家的感觉。在职场，尤其是一些机关、事业单位和国企，员工年龄分布均匀且跨度大，有即将退休的老同事，也有年富力强的骨干力量，同事们在工作之余谈论的话题因经历、阅历不同而千差万别，刚入职的毕业生往往没有生活经验和切身体会，一些毕业生能够慢慢融入，而另一些毕业生由于不能融入组织和集体而选择离职。

（5）思维方式不同

学校与职场是不同的社会结合体，学生与职业人的思维方式、行事规则也完全不同。学生时代，处事交往、待人接物都简单直接，是指点江山、挥斥方遒的理想化思维方式；进入职场后，作为职业人必须学会职场规则，要立足现实，高效做事，以结果为导向，并且敢于承担责任。

4.1.2.2 从学生到职业人角色的 5 个转换

（1）从宏大的"人生理想"向现实的"职业理想"转换

第一份工作对大学生的冲击是巨大的，从高高的象牙塔走下来的他们怀抱的是理想化的思维方式，是指点江山的做事方法。然而就业压力大，选择余地小，让他们感到理想与现实之间的落差太大，一时难以接受。先前宏大的理想，在现实面前已经失去目标，失去动力，只感到实现是遥遥无期的事情，因此往往情绪低落。

当务之急是把理想转化为职业目标，并制订出切实可行的方式方法去实现职业目标，搭起一座桥梁让自己从理想走入现实。实现职业目标有很多的途径，要结合自己的综合因素去选择一条最适合自己的途径，更快地实现职业目标，从而最终实现职业理想。从实现职业理想的角度看，所做的工作一定要与职业目标有密切的相关性，否则，所做的工作将不会对职业理想产生支持，实现职业理想就会再次成为空想。

（2）从青苹果"学校人"到成熟"职业人"的转换

同样的实习经历，可以出现不同的出路和结局，关键是自己的路怎么走。虽说自己做主，但也要首先认识到究竟要在实习过程中获得什么，怎么才能把握实习机会，为自己求职增加砝码？一颗浮躁的心会带着你的眼睛在各个职位、各个企业之间来回游移，觉得这个能做，那个能做，最后贪多嚼不烂，导致连最简单的都做不好。

从学生转变成职场人的第一步，应从企业文化、业务流程、公司制度、仪态仪表、待人接物、为人处世等多方面进行了解。企业需要的是什么人员，什么职位应该具备什么样的素质，如何能够更好地发挥自己的潜力？职业人最需要的就是敬业精神，职场新人要做的以日常性的事务工作居多，专业性的工作一般要经过企业的再培训之后才能做。要保持沉稳的心态，因为这是做好任何一份工作的关键。俗话说："良好的开端是成功的一半。"首先要学会适应。学会适应艰苦、紧张而又有节奏的基层生活。缺少基层生活经历，可能不习惯一些制度、做法，这时，千万不要用习惯去改变环境，而是要学会"入乡随俗"，适应新的环境。好高骛远、自命不凡，只能毁掉你的前程。要学习企业中那些卓越人才必备的 8 大基本素质：创新能力、学习能力、自信自立、自律、积极乐观、执著追求、责任感和合作开放。

（3）从理论学习向实践应用方面的转换

学校里都是系统的理论，一科连接一科，科科有现成的教科书，有教授讲解，有助教辅导。到了工作岗位，实际动手能力靠培养、练习，而且实际应用是多角度、全方位的。没有人告诉你哪个该学，怎么学习，知识积累全靠自己探索。可能导致做了事却没实现目标，甚至偏离了目标，或者不知从哪里入手，学些什么。

在应届毕业生进入公司的时候，企业都会对职场新人进行新员工入职培训，要多学多看，多虚心请教，才能积累工作经验。大学生缺乏实践就很难提到发展。公司的人都佩服有经验的人，没有经验，则只能打下手，心理又不平衡，就会越搞越糟，使自己境地尴尬，甚至不懂装懂，让人笑话。要以谦逊的态度去向别人请教，这并不是什么难事，放下架子，虚心请教，这时会发现别人身上值得学习的地方有很多，而自己身上也有别人值得学习的优点。虚心求教，既能飞速成长，又能建立良好的人际关系，把自己很快融入到集体中去，一举多得，事半功倍。

（4）从精确的思维方式向极限的思维方式转换

学校里每一科都有标准答案，讲究的是失之毫厘，差之千里；而在职场中，很多问题没有标准答案，追求的是极限思维。比如在大学里，生产 = 库存 + 销售，这是一个公式。为了减少库存，企业只要提高销售量，当生产 = 销售时，就没有库存，只要算一算，库存问题轻松解决。但在实际的工作中，要让库存为零，绝对没有那么简单，要根据去年的生产情况、今年的经济形势等方面因素，预测今年的销售量，然后根据预测数字，安排今年的生产量。这种思维方式与学校的思维方式差异很大，刚入职的同学遇到这样的问题往往很困惑也很苦恼。

（5）从满腹经纶到言简意赅的转换

如果让刚毕业的大学生针对一个技术问题提出解决方案，他们往往会将这个技术的国内外研究现状详细地阐述一遍，将这个技术问题的前世今生、来龙去脉说得一清二楚，并运用各种分析工具和研究方法来证明自己的解决方案。方案洋洋洒洒几万字，厚厚几十页纸。但企业需要的就是几行解决方案，是效率，能把问题解决了就好，而不是各种抽象的公式和证明。

4.1.2.3 角色转换的心理问题

在学生向职业人角色转换的过程中，跨度大，问题多，会遇到以下 5 方面的问题。

（1）对学生角色的依恋心理

苦读十多载，大学生对学生角色的体验可以说是非常熟悉的，学生生活使每个人都养成了一种特定的学习和生活习惯。刚走上工作岗位，大学生常常会表现出对学生角色的依恋，自觉地将自己置于学生角色之中，以学生角色来要求自己和对待工作，以学生的思维方式来观察和分析事物，从而造成适应上的困难。

（2）观望等待的依赖心理

大学生活是处于依赖与摆脱依赖的过渡期。当大学生离开学校走向社会，承担起成人的职业角色时，成人的自觉性和独立性还没有养成，因而初入职场的大学生往往存在着一种观望等待的依赖心理。在这种依赖心理的作用下，一是觉醒慢，突出表现在对于职业规划没有一个清晰的认识，在职场中，缺乏目标和方向，职业规划意识薄弱。二是探索慢，具体表现为对工作上手慢，对时代变化意识慢，不能因工作和时代更新自己的专业能力。三是行动慢，工作上拖拖拉拉，没有人催，就今日复明日，工作缺乏主动性和创新性。

（3）消极退缩的自卑心理

大学生初入职场，面对新的工作环境和生疏的人际关系，往往缺乏应有的自信。一些大学生在工作中放不开手脚，看到别人工作经验丰富，驾轻就熟，相比之下觉得自己这也不行，那也不行，胆小、畏缩，不知工作应从何入手，担心自己做错了事，会造成不好的影响。另外，大学生初入社会，很容易产生不被重视的"自卑感"。在校园内，每个学生都是平等的，但到了一个新的工作单位，作为新来的试用者，常常要从最基层干起，且各方面都很难引起人们的重视，也很难有表现自己的机会。因此，很多大学生产生沮丧的情绪，产生"不求有功，但求无过"的消极心理，进而产生自我否定心理。

（4）苦闷压抑的孤独心理

走出校门，踏入社会，大学生旧的交际圈已四分五裂，而新的交际圈尚未建立。面对新的工作环境和一张张陌生的面孔，每个人都会产生一段短暂的友情真空时期，特别是那些远离家乡的求职者，周末变成漫长的等待，孤独感更加强烈。另外，工作单位等级分明的上下级关系，居高临下的命令方式等也容易使大学生产生压抑感。

（5）眼高手低的自傲心理

一些大学生自以为接受了高等教育，已经学到不少知识，尤其是到了单位，发现很多同事没有自己学历高，就开始骄傲，看不起基层工作和基层工作人员，甚至认为大学毕业从事基层工作、干一些不起眼的事是大材小用，有失身份。在这种心理下，很多大学生在现实中表现为眼高手低，大事做不了，小事不愿做，最终一事无成。

（6）见异思迁的浮躁心理

大学毕业生在角色转换中还容易表现出不踏实的作风和不稳定的情绪。有的大学生工作几个月后还静不下心来，抱着骑驴找马的心态，三心二意，这山望着那山高，一阵子想干这项工作，一阵子又想干另一项工作，整日恍惚不定。有些名牌大学毕业生不到两年就换好几份工作，他们自己还困惑，为什么找不到心仪的岗位？其实，几年后他们发现，有的同学踏踏实实，有几年的工作经验，而那些浮躁的同学只是把相同的工作干了几年，在人力资源市场上，最先淘汰的就是这些浮躁的人。

【案例分析】

裸辞是一场冒险

年轻气盛的小周在公司人事调动后，感觉自己受到了羞辱，选择了裸辞。但裸辞后并不如愿，小周用旅游的方式结束过渡期后开始重新找工作，每日海投简历也并没有收到任何回应，与此同时父亲还被查出患了癌症，没有工作的他只能把剩下的所有积蓄都拿出来给父亲治病，也不敢告诉父亲自己没了工作还欠了一堆债。

就在他偷着住公司宿舍里继续找工作的时候，有人给他介绍了一个空职位，他以为工作的事终于落定，然而却不料一周后这人说公司新成立，贷款有点儿问题，要两个月后才能运行，如此情况下小周只能先去找别的工作，然而仍然不如意。兜兜转转一个月过去，小周偷住公司宿舍的事被发现，他找朋友借了房租后，在朋友介绍的新公司附近租下房子，满心期待着能入职，但又是三个星期过去，他终于接到电话，被告知自己的这份工作期望彻底落空了。

一毛钱不剩还欠了一堆信用卡贷款的小周，终于在生活的压迫下开始重新振作起来去找工作，经历了艰难的他这次终于顺利收到了几个入职通知。

这样回首一看，小周再次找到工作已经是裸辞后的四个月，他承受着来自经济和精神上的双重压力，物质上的忧虑小到算计喝水，大到不敢去医院复查胃病，精神上不仅因为要照顾父亲而睡眠不足，更是被工作上的坎坷磨得虚弱又焦虑。

这些经历对年轻气盛的小周来讲是一种历练，他在经历过这些事情后，便会明白没有分析过现状、选择盲目裸辞的人需要承担自己所谓"勇敢决定"的后果，但所幸他没有被暂时的坎坷压垮，意识到自己的问题后开始积极制订计划，坚持早起，坚持三餐，坚持锻炼，用大量的时间来读专业书籍，不断充实丰富自己，最终迎来了人生的新征程。

4.1.3 初入职场的应对

初入职场，学生在环境、角色等诸方面产生不适。接下来将针对这些不适，介绍几条应对措施。

4.1.3.1 U 盘化生存

在过去的几十年里，社会在对青年人的职业成长引导上，始终强调能力的获得。从最初推崇"做一行、爱一行"的"—"（横线）型人才，到逐渐推崇具备专门知识技能的"I"（竖线）型人才，再到近年来强调既有广博的知识面、同时又掌握一种或多种专门知识技能的"T"型人才、"π"型人才、"山"型人才。在"T""π""山"等字母或文字结构中的竖线，指的就是一个人是否在某些细分领域拥有专门而优秀的知识技能；而这些字母或文字结构中的横线，则表示这个人是否同时还具备与上述专门知识技能相关的广泛的知识面。与以往的"—"型人才或"I"型人才相比，同时拥有能力专长和广泛知识面的"T"型人才、"π"型人才或"山"型人才，能够更灵活地适应日益多样化和不确定的职场环境，获得更多生存空间。就像"自带信息，不装系统"的 U 盘一样，面对多种终端设备都可以说"YES"。

4.1.3.2 主动进行职业生涯的顶层设计

U 盘的顶层设计就是其自带的系统，正是有了这样的顶层设计，U 盘才能正常运作。在职业成长过程中，年轻的职场人士也需要对自己的职业生涯进行顶层设计。除前面提到的寻找可聚焦的"长板"领域外，还应设计更为全面、立体、兼具阶段性和可操作性的生涯规划方案。在职场环境越来越不可控的背景下，增加自身生涯进阶的计划性和可控性。否则，如果只是凭借一时兴起，轻率地尝试和投入，其试错成本可能会大大增加，年龄越大，试错成本也会越高昂。所以，年轻人不应等到大学毕业前夕才开始考虑未来准备做什么，不应等到离职后才开始考虑怎样寻找下家，不应只有高远的想法而没有落地的措施。

4.1.3.3 主动改进自己的知识技能结构

U 盘需要不断升级来适应操作系统的变化。在职业成长过程中，职场人士必须养成终身学习的习惯。就像树木需要从大地源源不断地吸收养分那样，通过持续的学习和实践不断获取新的知识、技能和经验，并将其整合到原有的知识技能结构之中。此过程中最关键之处，不在于你每天学到了什么，而在于你是否在主动、聪明和有效地学。比如是否找准了学习的方向，对那些可能成为个人优势或亟须改进的领域有准确的定位；以及能否在学习过程中获得及时有效的反馈，无论是自我评估还是来自高手的指点，帮助自己找到正确有效的方法，及时更正错误，刻意练习，不断精进。

4.1.3.4 树立积极的"自我心像"

哈佛心理学家认为，"自我心像"是人的潜意识中对自我的描述，在自我认识或自我意识的基础上对"我是谁"的认识。也就是说，每个人都会从不同的方面，如容貌、智商、能力、性格、事业、前途等，对自己有一个认定。由无数的信条组成了一个决定人的行为的"自动导航系统"，指引着自己前进的方向。它是自我认识或自我意识的一部分，是根据自己过去成功或失败的经验、他人对自己的反应和评价而不自觉形成的。

所以，"自我心像"对一个人的人生状态起着非常重要的作用。如果你曾经有一段时间过得并不愉快，经常受到别人的批评，或者即使没有受到却害怕受到别人的批评或指责。那么你的"自我心像"很可能就是一个低能者，在生活和工作中，你会感到自卑、沮丧、无力。相反，如果你从小形成的"自我心像"是正面积极、多才多艺的，在以后的工作或生活中，你就会有自尊、愉快、热情等良好的心态，也自然更容易获得成功。

【案例分析】

拿破仑的孙子

亨利是一个30多岁却一事无成的美国青年，直到有一日他的朋友带来一本杂志后告诉他，拿破仑有一私生子流落到美国，这个私生子有一个儿子，特点与亨利一致，矮个子，还讲着一口法国口音的英语，亨利拿起杂志一一对应这些特征后，发现和自己果然能应上。朋友这便是在暗示亨利，他是拿破仑流落在外的孙子，而亨利也就这样信了。

从此之后，亨利的心境有了不小的改变，从前的他总因个子不高而自卑，但自从知道自己身世的秘密后，他认为矮个子也没有什么，爷爷拿破仑也是矮个子，却是指挥千军万马的大英雄。另外，在法国口音的英语发音上，从前的他因此招来了不少嘲笑，但现在的他却引以为傲。

长此以往，亨利的生活有了不小的改变，拿破仑孙子的身份让他时刻督促自己向爷爷看齐，以大英雄为标杆，他遇到任何事情都勇往直前，只因时刻想到爷爷拿破仑的字典里没有"难"字。他走出自卑的阴霾，不断自信勇敢起来，积极规划自己的人生，不再无所事事而是努力寻找工作，对待每一件事都用十二分的热情——他知道自己一定行，他是拿破仑的孙子。就这样三年后，亨利成了一家大公司的董事长。

亨利直言，他其实请人去调查过自己的身世，也得知了自己其实并不是拿破仑的孙子，不过这些真相也都不重要了。他总结道：当我自信时，成功就在向我靠近。

从上面的案例可以看出，人的心境能决定一个人的命运。怀着积极的心态去工作，成功将向你靠近。

（1）快速走出"蘑菇期"

职场"蘑菇期"是指初入职场的应届毕业生常常会被置于阴暗的角落，不受重视或从事打杂跑腿，甚至像蘑菇培育一样还要被浇上大粪，接受各种无端的批评、指责，代人受过，得不到必要的指导和提携，处于自生自灭过程中。蘑菇生长必须经历这样一个过程，人的成长也肯定会经历这样一个过程。如何快速走出"蘑菇期"？我们要做从小事做起，认真对待每一件事。

初涉职场的年轻人是一张白纸，能力和经验没有太大的区别，他们不能深刻地了解组织的文化理念，一般不会被委以重任，往往是做些琐碎的工作。但不能因为事小就不认真对待，敷衍了事，如果连小事都做不好，谁敢把大事交给你呢？一屋不扫，何以扫天下？因此，如一位作家所言，无论做什么事情，都应该尽心尽力，一丝不苟，因为究竟什么才是大局，什么才是最重要的，这一点其实我们并不清楚。也许，在我们眼里微不足道的细节，实际上却可能生死攸关。

【案例分析】

聪明人怎样工作

公司新来一个名牌大学毕业的女孩子，共事一段时间后大家都觉得她是一个聪明活泼又有想法的人，做事积极主动，乐于学习，行动力强。作为她的主管，我知道她是个潜力很大的人，我开始给她安排一些协调性工作，让她尝试着独自处理，诸如负责各部门及各分公司间的业务联系和沟通。

她接下了工作，但不久后却不解我为何总让她做这些琐碎事，她认为这些事并没有完全展现她的实力，她的能力不仅仅只是做这些。她直言自己一直比别人优秀，却不料毕业后却在做如同实习生一样的工作，没有成就感，也不被重视。而在她看来，帮我贴发票、报销再去财务走流程取现金，就是最无意义而浪费时间的工作。这些想法并没有出乎我的意料，我一笑了之与她讲起我当年面对琐碎事时的做法。

1988年，我从财务部被调到了总经理办公室，担任助理工作。其中有一项工作，就是帮总经理报销所有的票据，在此期间，我发现票据中的数据透露出的是总经理乃至全公司营运有关的费用情况，我便将这些数据按照时间、数额、消费场所、联系人、电话等进行分类，整理成了一个表格。虽然一开始我建立表格的目的仅仅只是想让财务上有据可循，我能及时应答上司相关数据的提问，但是时间一久，我发现表格透露出一个规律，比如哪类商务活动常在怎样的场合举办，费用预算大概多少，总经理对公共关系常规和非常规的处理方式等。

后来，总经理发现交给我的工作我都能超出预期地完成，像是知道他的想法一样，我对此疑惑便告知了他表格的事情，他听完十分满意，此后还将越来越多的重要工作交给我，慢慢的，一种信任和默契就此产生，我也很快升职。

我和这个新来的优秀女孩做过一样的琐碎事务，但总经理对我的肯定，便是职场人想获得的成就感，不要太计较做了什么，重要的是职场人能从做的事情中总结出什么。

从上述的案例我们可以看出，每个人都一样，最开始很难预测将来要从事什么工作，也无从知晓从事的工作是否跟学过的东西有关。刚参加工作的几年里，重要的不是做了什么，而是在工作中养成了哪些良好的工作习惯。这个习惯指的是：认真、踏实的工作作风，学会用最快的时间接受新事物，发现新事物规律，在比别人更短时间内掌握这些规律并且处理好它们。具备了以上的要素，就能成长为职场中被人信任的人。每个上司都愿意把任务给那些用起来顺手的人。当你具备了被人信任的基础，并且在日常工作中逐渐表现出踏实、聪明和细致的优点时，上司就会把越来越多的工作机会提供给你。原因很简单——用一句话就能交代清楚并且能被你顺利完成的工作，谁愿意说 3 句话甚至花半小时交代给一个怎么都弄不明白的人呢？沟通也是一种成本，沟通的时间越少，内耗越少，这是作为管理者最清楚的一件事。当你有比别人更多的工作机会去接触那些你没有接触过的工作时，你也就有了比别人更多的学习机会。我们都喜欢聪明勤奋的人，作为管理者，更是如此。

有小聪明的人，总认为自己的能力很强。时间长了，他会抱怨自己运气不好，抱怨那些看起来资质平庸的人总能比自己更走运，甚至转而抱怨那些人容貌比自己好，或者他们更会讨领导欢心等。慢慢地，就会影响自己的心态。所谓的怀才不遇，有时就是这种情况。其实，真正聪明的人是那些在工作中踏实且用心的人。

（2）不避平凡，不可平庸

一支军队只有一名统帅，却有千万个士兵；一家企业只有一个老板，却有许多员工。在职场中，大多数人的职位是普通的，工作是平凡的，这是人生常态，无需抱怨。生活需要我们埋下头去做一个平凡的人，但并不阻碍我们走向伟大。金字塔固然高耸云端，美轮美奂；小园林邸也幽静典雅，别有情趣。努力工作，把平凡的工作做好做久，把简单的产品做精做细，一样可以从平凡走向卓越，从卓越走向伟大。

【案例分析】

钳工周虎："咬"定品质不放松

2016 年，周虎从集团 17 万人中脱颖而出，成为中国船舶重工集团公司 4 名"首席技能专家"之一，由他带领指导的"虎家军"也屡屡在技能大赛上斩获殊荣。十多年的职业生涯中，钳工周虎人如其名，"咬"定品质不放松，他抓技术抓质量，以产品一次交验合格率 100% 和节点实现率 100% 的双百率的优异工作成果，为海军建设累计提供了千余套优质装备，为国防建设做出了突出贡献。

1. 经验很重要

纸上得来终觉浅，绝知此事要躬行。周虎认为这项工作的关键在于经验的积累和不断实践，他在一次对拖缆机项目的测试过程中，发现马达速度偏慢，随后对马达、泵组进行"听、摸"排查分析，判断并发现真正的问题其实是泵组中隔离阀出现故障，用自身的经验向在场认为是马达自身出问题的专家证明了实践经验的重要性，而这些经验并不是一蹴而就的，是他十多年的钳工经历积累出来的。他的工作中充满了对细节的把握，很多事情需要不断上手去做，比如在检验设备接口处是否有毛刺时为了能精准感受，他不能戴手套，要赤手去摸，所以他手上常年带着伤。

2. 一门良心活儿

良心活儿体现在细节上。钳工的许多工作短时间内是检测不出好坏的，所以很多人往往忽略掉零部件和接口处毛刺这样的细节。而周虎认为做装配就是做的细节工作，不能差不多了事，他经常拿着图纸和技术人员沟通，讨论如何改进，将装配的误差缩减到最小，以求两块零件的咬合处缝隙要控制在 0.02 毫米以内，也就是一根头发的 1/3。

他认为自己这样不断创新技术的动力来自于便利他人，他精益求精，就可以让后面的钳工更加轻松，他在保证质量的前提下，在细枝末节处多思考，就能让整个团队更加省时省力地完成工作。也正因为这样追求细节打磨的"工匠精神"，他关于改进某型号产品支座工艺的建议被评为"武汉市百条优秀合理化建议"之一。

（3）面对压力，不退缩、不放弃

古语云："天将降大任于斯人也，必先苦其心志，劳其筋骨，饿其体肤，空乏其身，行拂乱其所为。"古之立大事者，不唯有超世之才，亦必有坚忍不拔之志。当今职场，也是如此。员工想要成就一番事业，除了要具备一定的能力，扛得住重压、坚持到最后的毅力也是必不可少的。有一个年轻人行走在雨中，路面非常泥泞，便在途中跌倒了，他爬起来继续行走，可不久又跌倒了。如此几次，他终于趴在地上不再起来，还自言自语道："反正爬起还会跌倒，不如趴着就算了。"人不可能总一帆风顺，如果跌倒了就此趴下，一蹶不振，就永远不会到达胜利的巅峰。而跌倒了再爬起来的人，总是会有希望成功的。

【案例分析】

如果跌倒了，就再爬起来！

有句话说，生活就像心电图，如果是一条直线的话，说明你的生命已经结束了，因为生活总是有波动的。有这样一个人，他出生在肯塔基州哈丁县的一个伐木工人家庭，9岁，他经历了丧母之痛；22岁，他经商失败；23岁，他在州议员竞选中落败，也并未取得法学院入学资格；24岁，他找朋友借钱再次从商，年底破产，为还清这次的债务花了十六年；25岁，他再次竞选议员，终于成功；26岁，他在结婚前被未婚妻抛弃，精神崩溃，卧病在床半年；29岁，他争取成为州议员发言人失败；31岁，他争取成为选举人落选；34岁参加国会大选落选；37岁，他终于在国会大选上如愿当选；39岁，他追求国会议员连任失败；45岁，他竞选美国参议员落选；47岁，他在共和党内争取副总统的提名，但得票不足100张；51岁，他当选为美国第16届总统。

这样坎坷却坚韧不屈的人生，是谁的呢？他，就是林肯，历史上最伟大的总统之一。林肯在竞选参议员落败后曾说过这样一句话："此路艰辛而泥泞。我一只脚滑了一下，另一只脚也因而站不稳，但我缓口气，告诉自己，这只不过是滑了一跤，并不是死去而爬不起来。"

生活和工作都不会一帆风顺，就连林肯这般优秀的人也会遇到波折和跌倒，然后在绝望中一次次站起来，继续面对困难。所以在职场上，我们更要意识到，挫折不可避免，但可怕的是把挫折当失败，我们唯有在失败中总结经验然后使自己强大起来，才能用失败去打败失败。

（4）树立正确的工作态度

很多单位招聘时，在职位要求中会写明要能吃苦。但人力资源主管也会跟毕业生讲明，吃苦往往是相对的，比如加班赶项目、出差见客户等，并且这种状态不是365天，而是一段时间。但人力资源主管碰到的情况往往令人哭笑不得，学生们认为早晨起来上班叫吃苦，在热天、雨天、雪天上班也叫吃苦，认为到岗上班就是吃苦。比尔·盖茨说："无论在什么地方工作，员工与员工之间在竞争智慧和能力的同时，也在竞争态度。一个人的态度直接决定了他的行为，决定了他对待工作是尽心尽力还是敷衍了事，是安于现状还是积极进取。态度越积极，决心就越大，对工作投入的心血越多，从工作中获得的回报也就越多。"所以，应届毕业生要树立正确的工作态度和价值观，不能贪图享乐，要相信，奋斗本身就是一种幸福。只有奋斗的人生才称得上幸福的人生。

（5）克服职场"玻璃心"

"玻璃心"是一种网络用语，意指自己的心像玻璃一样易碎，用来形容敏感脆弱的心理状态，经不起批评指责或者嘲讽。职场"玻璃心"主要是指自己做错了事，领导还没开口，自己就委屈地哭上了，或是患有"被迫害妄想症"，总觉得别人是在针对自己，总认为别人对自己怀有敌意，打不得，骂不得，调侃不得，稍微一不顺心就辞职。

【案例分析】

应届毕业生因这事儿被领导批评，生气要辞职？

辞职不是职场的稀罕事，但一些辞职的理由却总能引发讨论，正如前些年在网络上掀起热议的"世界那么大，我想去看看"。前不久，杭州一名95后女生的辞职原因也引发了不小的热议，她的辞职理由是领导"小题大做"。

在起初刚入职时，该女生有很多工作还没有上手，在完成一些工作时总会出点儿小瑕疵，不能让领导百分百满意，所以领导也会指出她的缺点和不足，可接下来发生的一件事成为了女生辞职的"导火索"——领导同她沟通工作时，她只用了一个"嗯"字作为回复，领导指正她，要么就回复"好的"，要么就回复"嗯嗯"，这样才是在微信上和客户、和领导沟通的基本礼仪。但女生却觉得这件事和她的工作并无关系，领导这样无故的批评是在小题大做，这种事情根本没有必要拿出来说，她甚至认为这是一种不尊重，这样不人性化的公司自己也没必要继续待下去了。所以最后她递交了离职申请，准备找下一家适合自己的公司。

从上面的案例可以看出，不少大学生在职场拥有一颗"玻璃心"，他们在面对领导的批评时，不是努力改正，完善自我，而是经不起批评和指责，有着"说不得"的心态。领导一批评就辞职不干，说走就走，这是对工作、企业和自己的极度不负责任。

（6）关注内职业生涯而不是外职业生涯

外职业生涯是指从事职业时的工作单位、工作地点、工作内容、工作职务、工作环境和工资待遇等因素的组合及其变化过程。内职业生涯是指从事一项职业时所具备的知识、观念、心理素质、能力和内心感受等因素的组合及其变化过程。

很多毕业生到了单位，没过几天就辞职了。辞职的理由往往与能否胜任工作岗位无关，而与食堂饭菜好不好吃、住宿环境怎么样密切相关。显然，这些提供住宿和午餐的单位比那些不提供住宿和午餐的单位，又多了一条让学生辞职的理由。事实上，初入职场的大学生，应该关注的是内职业生涯而不是外职业生涯。因为外职业生涯的因素通常由别人决定、给予，也容易被别人否定、剥夺；内职业生涯的因素由自己探索、获得，并且不随外职业生涯因素的改变而丧失。只有在工作中，不断提升内职业生涯，才能逐步改善外职业生涯，最终获得职业的成功。

（7）从整个生涯看职场适应

职场适应一般分为 3 个阶段：第一阶段为入职第一天至入职 3 个月内，毕业生处于新鲜与好奇的阶段。在新鲜期内，主动入职者期望值高，态度积极向上；被动入职者心态更平和。第二阶段为从入职 3 个月到 1 年，随着职场环境和工作内容的深入，诸多不适应会出现。第三阶段为入职 1~3 年，积极上进者从主动工作到创新工作，安于现状者，消极应对，适应不良者则离职或转岗。职场适应不应仅仅看作 3 年这样一个时间的概念，而应视为一段职业生涯。这不是一个短跑比赛，不是说平稳度过了职业适应期头 3 年，职业生涯就成功了。其实职业适应只是长达 40 余年职业生涯的开端，关心头 3 年固然重要，但更要关注头 3 年的决策能否让你在整段职业生涯中，甚至是到职业生涯中后期依然有不错的选择。比如，公务员、医生、教师职业入职时门槛高、薪资低，如果放弃这些职业而选择其他职业，也许在职业适应期头 3 年很不错，但从整个生涯来看，究竟怎么样，需要每一位求职者去深入思考。

（8）善待时间和健康

大学生时间相对充裕，很多学生养成了挥霍时间的习惯，规划、管理时间也只是纸上谈兵，没有发挥的空间。然而走上工作岗位，这种状态突然发生改变，时间会非常紧张，许多人忙得脚打后脑勺，整天说时间不够，即使一天给他 48 小时，他依然不够。这些都源于工作条理性差，时间管理欠缺。

【案例分析】

一分钟可以干什么？

一分钟的长短，关键在于使用它的人对待事物的态度。对只剩一分钟填写答题卡的考生而言，一分钟是短；对于坐上归家火车的漂泊的人儿来说，一分钟是长。

著名教育家班杰明，有天接到了一位渴望成功的青年人的电话，表明希望得到他的指点，于是，班杰明将和青年见面的地点约在自己的房间。等到约定时间青年来此按下门铃，过了一会儿，门才被班杰明打开，然而门内的景象却让青年很是意外，这个房间简直是一片狼藉。班杰明直言自己房间很乱，请他稍等一分钟，于是便关上了门。不到一分钟，门再次被打开，房间内的一切已变得井然有序，茶几上还有两杯刚刚倒好的红酒，青年下意识迈步要朝里走去，班杰明却拿着酒杯拦下他，让他喝完酒便可以离开了。青年诧异，却见班杰明微笑着轻声道："你从进来喝酒到现在又过了一分钟了。"

青年人对这句话若有所思，随即恍然大悟，原来班杰明是在用这样的举动传授他人生道理。一分钟的时间可以做许多事，抓住每一个一分钟也可以改变许多事。他道谢离开，而他完成思考的这个过程，也是一分钟。

从上面的例子可以看出，时间对每一个人都是公平的，有效的利用、管理和珍惜时间，一分钟也能干很多事情，也可以改变许多事情。应届毕业生可以利用象限图、番茄钟等工具，提高时间利用率。

众所周知，工作岗位上高负荷、高强度的工作，让很多职场人士累得喘不过气来，疲劳、焦虑、亚健康已然成了新常态。然而，这种亚健康状态还有提前到来的趋势，并延伸到了大学。一部分学生，由于在大学沉迷于网络游戏，浑浑噩噩，身体状况逐年下滑；一部分学生学习压力大、紧张,忽视了体育锻炼,导致虽然找到了理想的工作,但由于身体不合格,在最后的体检环节被刷下来,非常可惜。其实,身体健康是一个永恒的话题,只有有了良好的身体,才能更好地工作。大学是一个锻炼身体的好地方,有专业的老师,有健全的体育设施和较低的锻炼成本,大学生应该利用这些资源,保证每周至少锻炼 2~3 次,每次不少于 40 分钟。善待自己的身体,这样才能以崭新的面貌迎接未来工作中的挑战。

【本节重点】

大学到职场

大学与职场的区别

- 环境不同
- 存在基础不同
- 文化不同

从学生到职业人的区别与转换

- 学生与职业人的 5 大区别
- 从学生到职业人角色的 5 个转换
- 角色转换的心理问题

初入职场的应对

- u 盘化生存
- 树立积极的自我"心像"
- 快速走出"蘑菇期"
- 不避平凡,不可平庸
- 面对压力,不退缩、不放弃
- 树立正确的工作态度
- 克服职场"玻璃心"
- 关注内职业生涯而不是外职业生涯
- 从整个生涯看职场适应
- 善待时间和健康

【思考题】

1. 通过人物访谈、企业调研等方法,谈谈如何做好从学生到职业人的转换?
2. 结合所学专业,谈谈如何快速适应职场?

【练习与实践】

理论溯源:蘑菇定律是指初入职场者常常会被置于阴暗的角落,不受重视或从事打杂跑腿,甚至像蘑菇培育浇上大粪一样,接受各种无端的批评、指责,代人受过,得不到必要的指导和提携,处于自生自灭过程中。蘑菇生长必须经历这样一个过程,个人职场成长也会经历这样一个过程。这就是蘑菇定律,或叫作萌发定律。

情境设置:两位受训者一组,分别扮演"主管领导"和"职场小白"。

"主管领导"（坐在椅子上并拿着尺子），用最严厉的话（详见剧本 A）批评"职场小白"（站着并拿着日记本和笔）；"职场小白"要像听美妙的音乐一样，在那里享受和记录（详见剧本 B）。

道具：根据场地大小，摆放 5 把椅子和 5 把尺子，5 本日记本和 5 支笔，5 套剧本。

附：剧本 A

"主管领导"：你怎么这么笨啊！天底下再也找不到比你笨的人了！

"主管领导"：你给我过来，站在我面前！

"主管领导"：……

附：剧本 B

"职场小白"：点头。/ 不对，我邻居比我还笨呢！/ 领导！请对事不对人，我到底做错了哪件事？请您明示！

"职场小白"：对不起！我已经知道我做错了，我想补救，让损失最小！

"职场小白"：我已经想好两个解决方案，请领导给予指导，谢谢！

效果提升建议：扮演角色的受训者最好先用 5 分钟熟悉剧情和剧本，脱稿表演。

4.2　职业综合素质提升

上一节，讨论了职场和学校的差别，以及初入职场学生的应对方式，本节分别从职业道德、职业心态和职业意识 3 个方面，讨论职业素质如何提升。

4.2.1　职业道德

所谓职业道德，就是同人们的职业活动紧密联系的符合职业特点所要求的道德准则、道德情操与道德品质，它既是对本职人员在职业活动中行为的要求，又是职业对社会所负的道德责任与义务。

职业道德的基本职能是调节职能：一方面，它可调节从业人员内部的关系，即运用职业道德规范来约束职业内部人员的行为，促进职业内部人员的团结与合作；另一方面，职业道德可以调节服务人员和服务对象之间的关系。职业道德还有助于维护和提高本行业的信誉，促进本行业的发展，进而提高全社会的道德水平。

职业道德的主要内容如下。

4.2.1.1　文明礼貌

文明礼貌是人们在职业实践中长期修养的结果，是从业人员的基本素质，是塑造企业形象的需要。它的基本内容和具体要求是：仪表端庄，举止得体，语言规范，待人热情。

4.2.1.2　爱岗敬业

爱岗，就是热爱自己的本职工作，为做好工作尽心尽力，是员工做好本职工作的前提条件。敬业，就是用恭敬严肃的态度来对待自己的职业，对工作一丝不苟，全身心地投入工作。爱岗敬业要求职业工作者做到：热爱工作岗位并具有崇高的敬业精神，树立职业信念并追求岗位的社会价值，创造团结协作、共同提高的工作关系。

4.2.1.3　诚实守信

诚实是指一个人在社会交往中讲真话，忠实于事物的本来面貌，不歪曲篡改事实，不隐瞒自己的真实思想，不说谎，不作假，不骗人。守信就是讲信用，讲信誉，信守诺言。诚实守信是为人之本、从业之要。诚实守信要求职业工作者做到：忠诚于所属企业，诚实劳动，关心企业发展，遵守合同契约，维护企业信誉，重视服务质量，树立服务意识和保守企业秘密。

4.2.1.4 办事公道

办事公道是正确处理各种关系的准则，是指我们在办事情、处理问题时，要站在公正的立场上，对当事双方公平合理，不偏不倚，不论对谁都按照一个标准办事。办事公道要求职业工作者做遵守本职业所制定的行为准则，做到公开、公平、公正，不因私损公，不出卖原则，秉公办事。对服务对象要一视同仁，不因民族、阶层、性别、年龄、职位高低和贫富差别而有所差异。

4.2.1.5 勤劳节俭

勤劳节俭是中华民族的传统美德，是事业成功的催化剂，是企业在市场竞争中常战常胜的秘诀。勤劳促进效率的提高，节俭降低企业的成本，勤劳节俭是维持社会可持续发展的两大法宝。

4.2.1.6 遵纪守法

遵纪守法指的是每个从业人员都要遵守纪律和法律，尤其要遵守职业纪律和与职业活动相关的法律法规。其中，职业纪律是在特定的职业活动范围内，从事某种职业的人们必须共同遵守的行为准则，包括劳动纪律、组织纪律、财经纪律、群众纪律、保密纪律、宣传纪律、外事纪律等基本纪律要求，以及各行各业的特殊纪律要求。遵纪守法的具体要求：学法、知法、守法、用法，遵守企业纪律和规范。

4.2.1.7 团结互助

现在职场已不是单枪匹马的时代，许多工作需要大家共同完成。所以，为了实现共同的利益和目标，必须做到互相帮助、互相支持、团结协作、共同发展。基本要求：平等尊重、顾全大局、互相学习、加强协作。

4.2.1.8 开拓创新

"创新是一个民族进步的灵魂，是国家兴旺发达的不竭动力。"创新是指人们为了发展的需要，运用已知的信息，不断突破常规，发展或产生某种新颖、独特的有社会价值或个人价值的新事物、新思想。创新的本质是突破。创新活动的核心是"新"。开拓创新不仅要有创造意识和科学思维，还要有坚定的信心和意志。

综上所述，具有良好的职业道德，爱岗敬业，具有合作精神、奉献精神，自觉遵守职业道德规范的员工，会获得组织的认同。组织会更愿意为这样的员工提供更多的机会，最终实现企业和员工共赢的局面，从而促进企业的发展和社会的进步。

4.2.2 职业心态

【案例分析】

三个建筑工人的故事

三个建筑工人正在共同完成一面墙的砌墙工作，有人便问了他们这样一个问题："你们在做什么？"

第一个工人头也没抬，没好气道："你不会自己看吗？"

第二个工人抬起了头，平静道："我们现在是要盖一间房间。"

第三个人停止哼歌，满脸笑容道："我们现在在为一间房子砌墙呢，这里还会有一个花园，不久之后会有一个家庭住进来，过着幸福快乐的生活。"

俨然不同的三种回答，却也展示了三种不同的人生视角。十年后，第一个工人仍旧做着十年前的工作，第二个工人成为了建筑设计师，第三个工人却成了一家房地产公司的老板，前面两个人都在为他工作。

很显然，是面对同一问题的不同工作心态成就了他们不同的人生轨迹，正如职场上，有人工作是为了生存，有人工作却是为了梦想，不同的视角便会造就不同的人生，而成功，往往便属于心怀远大梦想又积极乐观的人。

心态就是决定我们心理活动和左右我们思维的一种心理态度。成功学大师拿波仑·希尔曾说过，人与人之间只有很小的差异，这种差异就是对事对物的态度，这种差异往往造成人生结果的巨大差异，决定成功还是失败。个人事业能否成功，不在于你的才华，最重要的是你的态度。态度决定行为，行为决定习惯，习惯决定性格，性格决定命运。要想改变自己的命运，就要从改变自己的态度开始。什么样的心态将决定我们过什么样的生活。

成为职业人，需要具备的心态主要有：空杯的心态、老板的心态、感恩的心态和设计师的心态等等。良好的心态，能够大大改善同事之间的关系，端正员工对企业、对老板、对客户的态度，提高工作积极性和主动性。

4.2.2.1 空杯的心态

对于刚毕业的大学生来说，职业生涯刚起步，没有什么可以沾沾自喜的，个人的职业竞争力仅仅停留在理论上。大学的光环，只是让自己的选择范围和层次可以更宽广些。但与此同时，缺乏工作经验和社会经验，是应届毕业生的最大劣势。因此必须从底层做起，锻炼自己。摆正位置，选择适合的单位和职位，是非常关键的，不必急于去知名外企，毕竟工作经验是零；也切忌不甘于从小职员做起，因为每个职场成功人士，都是从小职员做起的，相信"是金子总会发光的"，是人才也一定会有很好的职场发展机遇。

4.2.2.2 老板的心态

所谓老板心态指的是一种使命感、责任心、事业心，指的是一种大处着眼、小处着手的工作精神，指的是对效率、效果、质量、成本、品牌等方面持续的关注与尽心尽力的工作态度。在工作中，打工者心态和老板心态是完全不一样的：老板要的是利润不断增长，员工要的是工资持续上涨；老板要的是员工拼命干，干出成果，员工想的是少干多拿，责任少，福利奖励多；老板希望员工理解企业经营困难，员工希望老板体恤生活不易；老板想员工把事情当事业来干，员工只想做完现在的事情，不要加班。如果初入职场就以打工者的心态应对工作，那么一定行而不远，求职者只有以老板的心态，遇到问题时想办法，遇到困难时不抛弃、不放弃，职业才能不断发展。

4.2.2.3 感恩的心态

许多人将自己的错误归结为工作失误，却对他人、对单位有很多抱怨。其实，每一个人都会有失误，每一个单位都会有不完美的地方，一味盯着负面的东西，只能让自己深陷其中，不能自拔。以感恩的心态看待工作，感谢你的老板，给了你一份职业；感谢工作本身，让你不仅收获报酬，还获得了学习、成长的机会；感谢你的同事，给了你工作上的配合；感恩你的客户，帮你创造了不菲的业绩；感恩你对手，让你看到了距离和发展空间；感恩你的批评者，让你不断完善自我。换种心态看待周围的一切，你会发现你的工作之路既宽又广，处处洒满阳光。

4.2.2.4　设计师的心态

初入职场的大学生要像设计师一样保持好奇心，对工作充满新鲜感和好奇心；像设计师一样乐于探索和尝试，即使失败，也从不放弃，直到找到解决问题的方法；当发现问题与一开始设想的完全不同时，也乐于接受改变，不会纠结于某一个特定结果；像设计师一样，设计自己的职业，明确自己的职业目标、职业方向，做好职业规划，有的放矢地去工作，让工作更充实，更有意义，不虚度此生。

4.2.3　职业意识

职业意识是职业人所具有的意识，以前叫作主人翁精神。具体表现为：工作积极认真，有责任感，具有基本的职业道德。要成为一名合格乃至成功的职业人，需要具备的职业意识主要有以下几种。

4.2.3.1　角色意识

现代分工使得每个人都是处在具体工作岗位上的人，每一个岗位都有特定的职责权限和工作内容，做岗位要求的事，并把事情做到踏实的程度，是角色意识的根本体现。

4.2.3.2　团队意识

现代组织绩效的取得，不是靠单个人、单个岗位，而是靠各岗位的有效集成，在各岗位都良好地完成岗位职责的情况下实现各岗位的有效对接。公司是一个有机整体，只有不说诋毁团队的话，不做损害团队的事，才能发挥团队优势。一个企业是所有员工组成的利益共同体，要求里面的每一位员工既能保守团队的商业秘密，又能积极主动地做好团队中自己的工作，同时还能及时提出有利于企业发展的合理化建议。

4.2.3.3　规则意识

没有规矩，不成方圆。在单位，职业人要遵守单位的规章制度，从按时上下班，到不拖拉工作，及时有效地完成领导安排的工作，再到与同事相处时遵守特定的游戏规则；不靠感情和关系，而是靠规则地分工协作，在岗位上发挥自己的专长，最终实现优势互补。

4.2.3.4　问题意识

职业人在刚入职阶段，要带着问题去工作，在工作中解决自己的疑惑和问题，在对工作熟练掌握后，要有发现问题和克服困难，以及解决问题的能力。

4.2.3.5　效率和效益意识

职业人做任何事情都要有投入产出思维，在时间上，通过流程管理，提高工作效率，通过工作分类处理，分配较多的时间和精力去做重要的工作；在效益上，在各种约束条件存在的情况下，尽可能做到节约成本、提高收益。

4.2.3.6　经营意识

职业人必须关注投资回报率。投资回报率的核心在于收益与成本的比较。既然要清楚经营状况，就要知道你的投入是多少，回收是多少，回收的时间多长，回收与投入之间的比率是多少。资金是企业生存与发展的关键，企业的运营是围绕着资金展开的。企业要通过合理地运用资金来调配各种资源，通过组织各种各样的活动来达到目的。作为职业人一定要考虑清楚，钱花在什么地方？这些钱能够带来多少增值？这就是职业人必备的经营意识。

4.2.3.7　客户意识

职业化的核心就是客户意识。所以作为职业人，必须注意为你的客户着想，给你的客户带来方便。这里的客户意识是一种泛客户意识，除了单位外部的客户，还有单位内部的上级、同事和下级，甚至生活中的爱人、父母和朋友，要把生命中的每个人都当作客户。

客户意识要体现出人性化，有的公司规章制度制定了厚厚的一大本，但员工关心的就是几个有关切身利益的问题：休假、奖励、晋升、保险等。联想集团员工手册里就没有什么陈词滥调，它1/3的内容是各部门的电话，提示员工可以从哪个部门得到什么服务和帮助，这就是客户意识的真正表现。你提供的服务是否让你的客户满意，关键不在于量的多少，而在于客户能够感受到你对他的关心。这里一直强调的客户意识是一种超值的感受，也就是要让客户感到意外，是要让他感动，这就是人性化的体现。

客户意识的一个重点是确定你的客户所需要的服务范围，因为只有当你明确了客户的需求范围，才能有针对性地提供服务。

4.2.3.8　自律意识

分清职业与业余的不同，从而在扮演职业角色时，能够克制自己的偏好，克服自己的弱点，约束自己的行为。

4.2.3.9　营销意识

营销意识并非只有营销部门才需要具备，提倡全员营销的理念，就是要求公司的每个人都要具备营销意识。

营销第一步是市场调研，主要包括调查客户需求、组织管理者的现状和市场环境；营销第二步是选择营销策略。只有做好第一步的调研工作，在选择营销策略时，才能够做出正确的决策。

作为职业人，营销意识是必须具备的一个素质。因为要实现最大的客户满意度，就要了解客户到底需要什么服务，了解有哪些因素会影响为客户服务的目标，只有充分考虑以上信息，才能够为客户提供最优方案。

4.2.3.10　学习意识

时代不断进步，社会不断发展，知识迭代、更新速度极快。面对飞速发展的社会，每个人要想有所成就，就要有活到老、学到老的意识，不断给自己充电，与时俱进。只有这样才能跟上时代步伐，才有可能实践人生价值，获得职业生涯的成功。

4.2.3.11　诚信意识

人无信不立。孔子曾说："人而无信，不知其可也。"市场经济是信用经济，对于企业和职业人来说，其市场信誉是可以用价值（金钱）来度量的（信誉度）。所谓名牌、品牌可以作为无形资产，产权交易就是这个道理。

4.2.3.12　危机意识

现代社会新技术、新理念层出不穷，职业人时时面临着被淘汰的风险。作为一名职业人，不能觉得有了一份工作就万事大吉了，面对工作要有先天下之忧而忧的心态，时刻警钟长鸣，在危机中不断否定自我，超越自我。

4.2.3.13　沟通意识

沟通是一种态度，而非一种技巧。在职场中，沟通无处不在，在对象上，需要和老板沟通，和客户沟通，和同事沟通，甚至和自己沟通；在内容上，需要沟通愿景，沟通目标，沟通细节。

【本节重点】

职业综合素质提升

职业道德

- 文明礼貌
- 爱岗敬业
- 诚实守信
- 办事公道
- 勤俭节约
- 遵纪守法
- 团结互助
- 开拓创新

职业心态

- 空杯的心态
- 老板的心态
- 感恩的心态
- 设计师的心态

职业意识

- 角色意识
- 团队意识
- 规则意识
- 问题意识
- 效率和效益意识
- 经营意识
- 客户意识
- 自律意识
- 营销意识
- 学习意识
- 诚信意识
- 危机意识
- 沟通意识

【思考题】

1. 结合自身情况，谈谈职业素质提升方法？
2. 谈谈你对职业道德准则的认识，并举一些遵守职业道德准则的实例。

【练习与实践】

主题：公司的规章制度初探

目标：初步了解几类单位（国企、三资企业、民营企业、创业公司等）的规章制度

建议时间：课外 + 课上 10 分钟

活动过程：

1. 学生在课外通过网络搜索、询问家人和朋友等，了解几类单位（国企、三资企业、民营企业、创业公司等）的规章制度，找出它们的异同点。

2. 课上交流、讨论，职业人为什么要遵守这些职场规则和制度。

【本章小结】

虽然大学与职场有很多区别，从学生到职业人的角色转换也需要花一些时间。但是从学校到职场并不是一个飞跃，学校与职场也有一定的联系。首先，无论是学校还是职场，都是有人群、团体的地方，都会遇到形形色色的人，与不同类型人的沟通、交流是一种必须具备的技能。其次，无论学校还是职场，都是一个场所，都是一种修行。在学校要认真学习，才能收获新知，金榜题名；在职场要认真工作，才能获得认可，自我实现。两者都不是一蹴而就的，都十分辛苦，但两者从本质和结果上来说，都可以达到磨炼意志、克制欲望、磨炼心智、塑造人格的效果。同学们在大学中要做好入职的各方面准备，以便入职后能更加积极地开展工作，更快地适应职场，从而实现自己的职业目标。

【阅读材料】

阅读材料 1

在扎根中生长

——上海交通大学校长林忠钦

到了新环境，同学们最重要的是要把"根"扎好。如何在扎根中生长？我想给大家三点建议：

第一，根要扎得住。我们常说，十年树木，树的成长有其内在的自然规律。拿银杏树来说，民间就有"三年存活不算活，十年白果始结成"的说法。银杏的根系对其生长有着决定性的作用。如果扎在土地里的根没有长好，即使能够萌生新芽，也终究很难长大。树的生长需要把根扎住，人的成长同样如此。毕业之后，大家无论是继续深造还是直接就业，随着时间的推移，一般都会面临两次"人生选择"。第一次是三年左右，在适应新环境之后，要能沉住气。看似精明地跳来跳去，反而错过了滋养生长的最佳时期。第二次选择是在十年左右，在一个单位坚持十年，这时候如果还能不改初心，继续沉淀下去，终将练成真本事，有大作为。人生之路从来没有"最优解"，步步最优、未必全局最优，精打细算不如埋头实干。我希望大家不要迷茫、虚度，而要扎住事业之根、人生之根。

第二，根要扎得广。一棵树的根系有多发达，枝叶就有多茂盛。大榕树不仅有深扎于土地里的营养根，枝干上还能长出数千条的气生根，根枝相连、枝叶延展、浓荫葱郁。这对于人的成长也有启示，选择了一份事业，既要能扎好主根、沉心做事，也要能不断拓展事业、焕发勃勃生机。

最后，希望大家记得为了什么而扎根。青年就是国家和民族的未来。扎根既是为了个人的茁壮生长，更是为了国家和民族的前途命运。只有一代代青年，在各行各业扎根奋斗、击水中流，我们的国家才能繁荣昌盛，我们的民族才能辉煌永续！宁为深山树，不做温室草！

阅读材料2

知行合一

——浙江大学校长吴朝晖

奋进之路漫漫，需要同学们上下求索，而求索的过程就是知行合一的过程。可以说，知行合一正是广大青年在新时代取得骄人成就的秘诀。

第一，坚守知行合一需要有改革意识，希望同学们勇做人生境界的开创者。大家在未来推进事业、精进学业之时，切不可做仓促冲动的选择，也不可有盲目草率的行动，而是要充分运用"通"专""跨"的通识教育所培育的开阔见识、深刻体会和丰富经验，通晓变革智慧，深思变化方向，改造未知世界，用改革意识持续开创发展的新境界。

第二，坚守知行合一需要有创新思维，希望同学们勇做发展潜能的开发者。大家在未来开展学习、从事研究、服务社会之时，切不可停留于浅显的层面，也不可止步于短期的尝试，而是要充分依靠洞察力、创造力和领导力，突出新知识的精研，强化新方法的建构，注重新能力的塑造，用创新思维持续开发新潜能。

阅读材料3

不要奢求工作完美无缺

——真格基金创始人、中国著名天使投资人徐小平

也许你的职业与你的专业完全对口，也许相反。我的建议是：不管你的职业规划与新的机遇相距多远，对于新的机遇，你还是应保持尽可能开放的心态。无论从事什么工作，你的独立思考能力和综合素质都是你应对挑战的强大实力。无论在多么陌生的领域，你们都应迅速学会、融入并取得成功。

我发现命运有着自身的逻辑。有时，我们渴求的快速通道不一定是最好的人生之路。那些不如人意的事态虽然会给我们带来失望，但它们是人生中无法回避的一部分。在人生路上，当你为失败洒下眼泪的同时，说不定也播种下了成功的种子。虽然我也希望自己的事业一帆风顺，但回看来路，所有挫折都不是绝境，它们只是通往成功的必由之路。

态度决定习惯，习惯决定成败。如果你给自己设立一个高远的自我期许，这种自我期许一定能让你走得更远。不要奢求工作完美无缺，而要鞭策自身追求卓越。只有找到自己的使命感和真正热爱的事业，才能拥抱无悔人生。如果你能这样要求自己，我保证，机会迟早就会降临。

第五章　创新与创业

【本章学习重点】

1. 认识创新的意义和价值。
2. 正确认识创新与职业、创新与创业的关系。
3. 树立新的创新思维训练观。
4. 掌握 8 个创新方法并进行训练。

古有四大发明，今有电脑、手机和物联网，创新与人类发展如影相随，在人类的历史上大放光彩。也是因为创新及创新带来的创业，让我们的世界变得越来越便捷，生活越来越好。

创新与创业息息相关，相辅相成。首先，创新是指理论、方法和技术等某一方面的发明或现实的改进、组合和更新；创业则是一种思考、推理和行动方法，在于把握机会，创造性地整合资源，从而创办新企业或开辟新事业，将新的思想或创造成果用于产业或事业当中开创新领域。其次，创新重视的是新取得的成果，而创业不仅重视可能得到的结果，还重视其结果应用于现实的条件。最后，创业比创新更加关心结果的应用带来的效益，尤其是经济效益。由此可见，创业可在创新的基础上将创新思想转化为现实成果。

创新是创业成功的重要依托和重要条件，创新是创业的重要切入点，真正的创业者必须是一个创新者，单纯的复制和模仿是没有太多面向未来的意义的。

5.1　创新是什么

创新一词早在《南宋·后妃传·上·宋世祖殷淑仪》中就曾提到，指创立或创造新的东西。《韦氏词典》中关于创新的定义则有两种：引入新概念和新东西，革新。也就是说，"革故鼎新"（前所未有）与"引入"（并非前所未有）都属于创新。

创新是一个非常宽泛的概念，适用于很多领域。国际上，奥地利经济学家熊彼特（J. A. Schumpeter）是创新理论的奠基人。熊彼特在 1912 年出版的《经济发展理论》一书中，首先提出了创新的基本概念和思想，形成了最初的创新理论。随后，熊彼特在《经济周期：资本主义过程的理论、历史和统计分析》（1939 年）和《资本主义、社会主义和民主主义》（1942 年）两部著作中，对创新理论加以补充、完善，形成了以创新理论为基础的独特的创新经济学理论体系。

在熊彼特看来，所谓创新，就是"建立一种新的生产函数"，换句话说，就是把一种从来没有过的关于生产要素和生产条件的新组合引入生产体系。熊彼特所说的创新和新组合包括以下 5 种情况：

（1）引进新产品。

（2）引用新技术，即新的生产方法。

（3）开辟新市场。

（4）控制原材料的新供应来源。

（5）创建企业的新组织。

在熊彼特看来，作为资本主义"灵魂"的"企业家"，其职能就是实现创新，引进新组合。所谓经济发展，也就指整个资本主义社会不断地实现这种新组合，从而实现经济发展的动态和循环。

自 20 世纪 60 年代起，管理学家开始将创新引入管理领域。现代管理大师彼得·德鲁克（Peter F. Drucker）在《动荡时代的管理》中发展了创新理论，他认为创新是赋予资源以新的财富创造能力的行为。任何使现有资源的财富创造潜力发生改变的行为，都可以称为创新。他还认为，创新是企业家的特定工具。企业家利用创新改变现实，作为开创其他不同企业或五福项目的机遇。

5.1.1 创新的意义

党的十八大报告对建设创新型国家做出了重要部署，提出着力增强创新驱动发展新动力。我国已经进入从"中国制造"向"中国智造"加快转变，"贴牌大国"向"品牌大国"稳步迈进的关键时刻，只有依靠科技创新，才能够驱动企业和国家的科学发展，实现中华民族的伟大复兴。

我国改革开放事业进入攻坚克难的关键时期，更加呼唤改革创新的时代精神。改革创新推动中国走向富强。我国发展前景美好，但也难免会遭遇一些问题。现在的问题，一个是"天花板"，过去靠旧动能推动发展的道险且阻，走不通了，必须打破旧的路径依赖；一个是"卡脖子"，国际环境复杂多变，必须自力更生，通过创新，特别是科技创新赢得更多发展主动权。问题要在发展中解决，要求我们加大力度推进科技创新，实现新旧动能转化，依靠创新驱动发展。创新发展是中华民族复兴的国运所系。实施创新驱动发展战略，推动以科技创新为核心的全面创新，让创新成为推动发展的第一动力，是适应和引领我国经济发展新常态的现实需要。

【案例分析】

阿里巴巴与杭州的 20 年情结

"眼见万丈高楼平地起，又见无限江山物是人非"，这是中国互联网发展史上各企业兴衰成败的写照，而阿里巴巴，便是其中兴与成的最具代表性企业。从 1999 年到 2019 年的 20 年里，阿里巴巴与杭州有着无法磨灭的情缘。

阿里巴巴在信中提到："我们和杭州有着一样的基因，一样的坚持，一样的担当，一样的未来。"20 年前，籍籍无名的青年马云和他的 17 名创业伙伴在杭州西湖区的一间公寓里创立了阿里巴巴，这群年轻人立志要在互联网领域中闯出一番天地，而杭州就是他们的根据地。杭州所在的长三角地区素来是中小企业摇篮，阿里巴巴从创立开始便服务于中小型企业，立志尽自己的力量为企业提供便利，"让天下没有难做的生意"。

2013 年，已在互联网行业厮杀下有了一席之地的阿里入驻余杭区，周围房价随之高涨，附近的五常中心小学是马云母校，就读其中的学生更是被称为带有阿里色彩的"橙二代"。早在当年阿里便有如此大的影响力，而如今它早已用自己的商业模式影响了全国消费市场，曾经虚无缥缈的词汇"新零售"也在阿里的努力下有了雏形。

这 20 年里，阿里已经从那个单纯的英文网站蜕变成了横跨电商、金融、教育、体育、物流等领域的商业巨头，同时纵向贯穿线上与线下多渠道，商业规模从国内扩大至国际，阿里兼容并蓄，让自己在时代浪潮中保持活力与创新，保持着互联网这艘巨帆的掌舵者的身份。

而与阿里有着千丝万缕情缘的城市，之所以是杭州，不仅因为这是马云的家乡，更是因为杭州这座有着历史底蕴的美丽城市，尊重每一个有着创业梦想的奋斗者，吸引着全国各地大量的优秀人才，杭州是一个鼓励赤手空拳拼搏的地方。

杭州与阿里之间是互相成就，共筑美好未来。

【思考与讨论】

阿里巴巴的诞生和成长，是一个城市的创新的生动展现。阿里巴巴带给这个城市和国家的变化无疑是巨大的，那么他们的创新有哪些影响？这些影响又有哪些意义？我们该如何看待一个企业的创新动力源泉？

5.1.2 创新人才培养的意义

5.1.2.1 创新人才于国家的意义

创新人才培养是国家进步和高校可持续发展的需要。国家的创新能力，包括知识创新和技术创新两方面，是一个国家在国际竞争和世界格局中占有一席之地的决定性因素，在经济和知识快速发展的时代，影响经济增长的主要要素之一是劳动者素质的高低，即创新能力的高低。它将直接对国家的文化、综合国力及竞争力造成一定的影响，如果一个国家缺乏创新能力，将很难拥有生存能力。对于创新而言，其基础是具有创新意识的人，工具是活动。创新人才培养指的就是人利用一定的工具进行改造和创造，高校进行人才创新是创新获取成功的第一要素。

5.1.2.2 创新人才于高校的意义

高等教育发展的动力和源泉是培养人才，任务是为社会输送高素质且具有开拓精神的创新型人才，进而使得学生在具备实践能力的同时，还具备创新能力。这不仅对当前高等教育在人才培养方面提出了目标，还规范了人才质量的标准。我国教育由于受到传统文化思想的某些影响，导致学生在学习中的主体地位得不到很好体现，创新能力明显不足。培养创新型人才，不仅要规避传统培养的缺点，还要继续努力探索符合我国国情的创新思路和模式。

5.1.2.3 创新人才于大学生自身的意义

创新人才培养也反映了当前大学生的自身需要。当前，我国与国际接轨步伐不断加速，这就需要我国的高等教育能够有效融入到国际化环境中，进而使我国的大学生人才能够更好地参与国际竞争。社会经济形势的不断加剧和错综复杂的激烈竞争使得高校在人才培养模式的制定过程中，侧重于培养人才的创新性，使学生不仅学会生存和发展，更要懂得如何进行决策和创新。

从一定意义上说，拔尖创新人才的数量和质量将决定我国在 21 世纪人类历史上的位置。但是，我国现在不仅拔尖创新人才的数量不足，人才知识能力结构不完善，更缺少能问鼎诺贝尔奖的大师级人物。我们没能为拔尖创新人才的成长创造更好的条件，提供有效的教育培养途径。这也是我们接下来要进一步深入研究的。

人才分不同的类型，每种类型都有相应的要求标准。但在当今知识迅速更新的高科技时代，拔尖人才的共同特征应是具有强烈的创新欲望和动机，且有非凡的创造才能。他们应具有创造性的思维，思维流畅、变通、精密、独创；他们独立思考，不随波逐流，善于冷静地分析和解决问题；他们敢于冒险，敢于挑战权威；他们对创新执著地追求，持之以恒，不达目的绝不罢休，经得起挫折的考验。

拔尖创新人才应精通某个或多个领域的知识，在某一或某几方面有远超一般人的能力。他们关注某一领域的学术前沿，并能敏锐地发现和提出学术发展中的关键性问题；他们富于想象，有很强的探究能力，善于发现自然界和社会发展的规律；他们有强烈的事业心和责任感，热情、自信、作风严谨、求实，坚持理论联系实际；他们兴趣广泛，不仅具有科学素养，也具有人文精神及对美学特征的敏感；他们能融通相关领域的知识，善于从跨领域的视角提出有价值的问题。他们之中也有的人不是全才，而是奇才、怪才、偏才，只对某方面有兴趣，在某方面有特殊才能。

拔尖创新人才的才能固然与天赋有关，但更重要的是后天的教育和培养。综观世界范围内的英才，其中很多人并不具备超常的智力，有的恰恰是具备超常的非智力因素，如高度的责任感、过人的毅力、不懈的追求等，而这些后天的因素是可以培养的。个人的创新创造，固然会有他独特的方式方法和思维特点，但创新创造也有很多共同的规律，而这种共同的一般的创造能力也是可以通过教育训练培养的。

【案例分析】

我国航天事业的创新：深空探测需要一代代接续奋斗

在我国航天事业史上，每一代卫星都有自己的小故事。

嫦娥二号，于 2010 年 10 月 1 日发射升空，成功被月球捕获，在月球轨道上环绕起来。但在卫星第一次进入 100 公里绕月轨道时，如果测控精度失准，便很可能会出现两种不好的结果：一是控制不好，撞向月球；二是卫星"跑了"，没被月球"抓住"。落月，要做到又准又安全。嫦娥三号，着陆时得益于一套自动避障系统，成功避开前方十几米远处的大坑。嫦娥四号，经历了种种艰巨难题后，中国探月工程总设计师吴伟仁和团队用两年时间，终于解决"怎样让月球背面的人类探测器与地球保持通信"的问题，终结了月背通信"不在服务区"的历史；2018 年 5 月 21 日，嫦娥四号任务"鹊桥"中继星发射成功；2019 年 1 月 11 日，嫦娥四号着陆器与玉兔二号巡视器在"鹊桥"中继星支持下顺利完成互拍，探测数据有效下传，任务圆满完成。至此，我国探月工程取得"五战五捷，连战连捷"。

探月工程不是一项简单的事业，而是汇聚了全国 2 000 多家单位、数万名科技工作者直接或间接参与的重大科技工程，回顾我国探月史上的各大难题，每一次技术的突破、每一步工程的跨越，都是数万名工作者齐心攻坚克难的结果。

总设计师吴伟仁在全国两会上分享中国探月"五战五捷"的原因：探月工程是高风险事业，是一项大工程，我们不能输，正是在"失败不起，没有退路，只能成功"的理念激励下，我们实现了中国探月"五战五捷"。这是探索精神的体现，这是中国梦图景的最好证明。我国目前只进行了五次探月，虽然次数少，但每次都能大获成功，无数怀揣航空梦想的年轻人都能通过探月工程施展才华，为我国认识日－地－月系统做出重大贡献。吴伟仁表示，深空探测永无止境，既充满风险，也充满挑战和机遇，需要一代又一代人接续奋斗，尤其是希望全国青少年都能投入到这项伟大事业中去，开创未来。

说起航天事业，还有这样一个人，7年学飞机，9年造导弹，50年放卫星，他便是2019年被授予"共和国勋章"的孙家栋院士，他是中国月球探测工程的主要倡导者之一。孙家栋说，对老一辈航天人来讲，报效国家是不求任何回报的，国家需要，我就去做。他在俄罗斯留学时便时刻都想着如何努力学习回去报效祖国，不讲回报，只一心一意专注航天事业。在孙家栋看来，科研人员的生活很艰苦，但即使苦也要做，这就是航天精神：每个人都尽自己所能贡献出自己的一份力量。

【思考与讨论】

大国重器，科技强国。正因为有了一代又一代既有创新精神，又有爱国、报国情怀的科学家的努力，才有了我们国家的航天航空事业独立自主，蓬勃发展。为什么创新不只是自己一个人的事情？创新为什么要和国家、社会甚至人类的命运相连接？您能从以上的案例得到什么样的启发？

5.1.3 创新与职业、创业的关系

5.1.3.1 创新的市场价值由创业实现

创新的前提是创意，创新的延伸是创业和市场。

由于当前世界经济的转型，创新的模式也发生了巨大的变化，仅按"基础—技术—应用技术—推广"的"研发链"进行创新，已经远远不够，要继续向下游延伸，形成"产业链"——将创新成果变成产品；而在此之后，还有很重要的一条"市场链"——将产品推向市场，形成价值。这三根完整的链条共同构成了"创新创业链"，每根链条的每一个环节都有创新的不同内容与需求。

对于技术之外的人们来说，创新的价值终将回归到普罗大众，将潜在的知识、技术和市场机会转化为现实的生产力，实现社会财富增长，造福人类社会。否则，创新也就失去了意义。

一个优秀的创新者未必是一个优秀的企业家。市场就是决定了创新成败的试金石，它对于创新的考验不在于创新的新奇性和科学内涵等，而在于推出市场后被顾客所接受的程度，也就是能否创造新的价值。发明成功不等于创业成功，创业者也不一定是发明者。我国每年取得约3万项重大科技成果，平均转化率仅20%，实现产业化不到5%，高校科技成果转化率不到10%。可见，正是因为缺乏创业型转化和"市场链"，大量创新成果被束之高阁，难以转化为现实生产力和社会财富，因此谈不上真正意义的创新。

历史上每个里程碑的重大科技成果都是伴随着创业进入市场、进入千家万户的，进而造就了无数的就业和改变人们的生产、生活方式。1876年发明的电话，成就了全球通

信产业和三星、摩托罗拉、贝尔、朗讯等一大批跨国公司；1885 年发明的汽车，成就了通用、福特、宝马等一大批世界级汽车业巨头；1903 年发明的飞机，开创了波音、空客等公司的飞黄腾达；1946 年制造出来的第一台计算机，使得 IBM 和英特尔成为 IT 届的霸主；1981 年发明的个人 PC 机，催生了苹果、微软、戴尔等世界知名企业；1995 年前后，互联网快速发展催生了电子商务，谷歌、雅虎、亚马逊、阿里巴巴、脸谱、腾讯等互联网企业风生水起。

5.1.3.2　创业推动并深化创新

创业可以推动新发明、新产品或新服务的不断涌现，创造出新的市场需求，从而进一步推动和深化创新，提高企业或整个国家的创新能力，推动经济增长。

彼得·德鲁克指出：创业者首先具有创新精神。创业正是将创新成果转化为现实生产力的最有效途径，不仅如此，创业还可以进一步促进新发明、新产品或新服务的不断涌现，创造出新的市场需求，从而进一步推动和深化创新。因此也提高了企业和整个国家的创新能力，推动了经济增长。对于创业者来说，要想生存和发展，唯一的方法就是持续不断地创新，没有创新的企业生存空间就会越来越小，就不可能产生自己的核心竞争力，没法维持必要的竞争优势，直至被无情地淘汰出市场。

创业精神的实质是创新，创业过程的核心就是创新精神。创新是创业的动力和源泉，是创业的主要标志。从本杰明·富兰克林到托马斯·爱迪生，再到今天的比尔·盖茨、史蒂夫·乔布斯，涌现出许许多多优秀的发明家和创业者，产生了众多改变这个世界的重大发明和科技成果，这些都来自创新。如果把创业比作推动经济发展的发动机，那么创新就是发动机的气缸，它带动了重大发明和新技术的产生，推动了人类社会的不断进步。

5.1.3.3　创新与创业的差异

创新与创业尽管联系密切，但并非完全等同的概念。相反，正确地认识创新和创业的区别，更能使创新者和创业者认清自身的优缺点，知己知彼，不断改进自身的发展。瑞典管理学家凯伊·米可斯（Kaj Mickos, 2004）认为："创业不是创新，创新也不是创业。创业可能涉及创新，或者并不涉及；创新可能涉及企业，也可以不涉及。"

（1）关注焦点不同

创业不一定非得有创新，有些创业活动主要是在模仿甚至复制他人的产品或服务，自身并没有什么创新，但是也是在创业。创业更加关注的是寻求机会和创造性地整合资源，关注的是机会、市场和顾客；创新往往通过对现有资源——生产要素的新组合，或是以某项发明创造为起点，通过开发利用将其推向市场，以实现价值创造。

（2）实现手段不同

创业重"业"，往往创建新的企业、新的组织，并且要通过"市场链"实现财富的创造；创新重"新"，往往通过新发现、新发明创造或开辟新局面、开创新事业来实现。受传统的"学而优则仕"和"轻商"观念影响，我国科研工作者往往在创新过程中片面注重"研发链"，而忽视科研成果的市场转化——创新如果忽视"市场链"，就可能不涉及创业了。

（3）主客体不同

创业的主体通常是创业者个人，或由个人主导的创业团队；创新的主体则除了个人，还有企业、政府、高校或科研院所等多种组织形式。创新的客体可以是知识、技术、产品、工艺、组织、流程、管理、模式、观念、方法和秘诀等，而创业的客体必然包含市场。

（4）涵盖范围不同

创新涵盖了推动社会经济发展的所有技术的、经济的、组织的、方法的、系统的变革及其最终价值实现的更为宏观的过程，创业则是由具有创新精神的创业者所进行的更加注重实践性、经济性和多样性的动态微观过程。

创新与创业都是赋予资源以新的财富创造能力的行为，以实现价值创造为归宿。成功的创业活动往往离不开创新。"创新型创业"是"创新"和"创业"的交集，会更容易形成独特的竞争优势，也更有可能为顾客带来新的价值，是创业中最具可持续性的类型。

5.1.3.4　创新存在于各行各业

职业规划可以紧跟社会发展变化趋势，发现新的职业机遇，更好地迎接未知挑战，努力获得最大成功。职业规划是人才与职业的匹配和规划设计的过程，职业生涯就是一个动态的不断发展变化的过程，在不同的时期，可能需要反复的探索和规划。随着社会发展，有些职业会慢慢消失，有些职业会逐渐兴起。做职业规划，要把眼光放得更加长远，着眼于大经济环境下的就业动态，预测某一职业的发展趋势，对自己的学习和发展计划做出调整，为新的职业机遇做好充分的准备。

创新改变着社会劳动力的构成。拥有现代知识、信息、技术专长的技术创新人才数量不断增加，为经济持续发展提供了先进的劳动力基础。

不管是在国有企业、事业单位，还是在私企民营，各行各业都需要有源源不断的创新。创新是每个职业的灵魂，一个职业没有了创新，也就没有了发展前景，一方面是个人没有发展，另一方面意味着这个职业也有可能从此在社会消失。前者正如同一个岗位的人员存在竞争，只有踏实努力而又有一些差异化创新的员工才有可能更好地服务客户或得到上级的欣赏，进而获得更好的工作机会。后者正如BP寻呼机的接线员随着BP机被手机彻底取代而不再存在，公路的收款员随着ETC的推广和公路收费的大面积取消而不断减少。银行的柜员越来越少，也是因为手机银行，尤其是互联网金融的快速发展以至于很多常规业务和标准化业务都可以在手机上办理……这就是创新的魅力所在，也是创新的必须所在。越不创新，就越有风险。

【案例分析】

预测未来5年后将会消失的5种职业

科技快速更迭的互联网时代，人工智能高速发展，兴起了无数新的生活方式，就人工智能机器人而言，他们能代替人类完成一些费力的重复性工作，为人们的生活带来了不少的便利，但这部分工作被稳定高效的机器人代替，就必然有一部分人面临失业。那我们不妨大胆预测一下，什么工作岗位会被机器人取代然后消失呢？

第一，流水线工人。这类工作容易学习上手，不需要高学历，工作内容大多是重复性的，随着科技发展，工厂发现机器人替代这些劳动可以省去不少工资，缩减人力成本。

第二，服务员。现在已经有人将机器人运用到餐饮行业了，由机器人负责点单、上菜、结账等固定化服务，虽然他们暂时无法解决人际关系纠纷和情绪问题等，但这种机器人为餐饮业老板节省了不少人力开支。

第三，线上销售客服人员。目前已有许多公司采用了智能客服的形式，相比人工客服而言，智能客服可以更迅速回答普遍性问题，高效快捷。

第四，收集管理信息人员。这类工作往往工程量大且繁琐，需要人工手动录入，如今智能系统的运用，运算速度加快，整体工作效率得以极大提升。

第五，助理与秘书。这类型的工作内容以协助他人为主，而机器人可以不带感情地规范完成，使得许多公司对助理岗位的选用有了更多的选择。

人工智能化时代，为不同领域带去了新的工作形式，为社会生活提供了便捷，但科技是把双刃剑，在享受便利的同时也要意识到智能化背后给各行业人员带来的潜在"失业危机"。

【思考与讨论】

以上这几种职业有没有在你的意料之中？如果让你给以上职业按消失的时间排序，你会有什么样的结论？除了这几种职业，还有哪些也会消失？失去这些职业的人，将去向何处？重新找工作的他们，是应该更多依靠他人的帮助还是自身的努力？你以后打算从事什么职业呢？

【本节重点】

本节从创新的概念出发，逐步阐释了创新和创新人才培养的意义，号召大家都要有创新人才培养的意识，并且这些都与自身的职业有紧密的关系。创新是创业的基础，创业是创新的出口，它们既有区别又有联系。并不是人人都需要创业，也不是人人都适合创业，但是创新精神是永存的。

【思考题】

1. 试述创业、创新的概念。能否举例说明创新和创业的关系？
2. 近些年，我国有哪些巨大的创新创造，你身边的生活中，又有哪些创新创意？
3. 如何做一个具有创新意识的人？
4. 未来哪些职业具有广阔的前景？

【练习与实践】

1. 采访身边同学对"创新"的认识，找到你认为的最有"创新"意识的那个人，追踪他未来半年的发展变化，形成一份文字报告。
2. 找到一个你认为很有"创新"精神的长辈，向其请教国家、社会与创新创业的关系。

5.2　创新思维方法训练

5.2.1　创新思维训练

面对知识、经济和社会的变迁，应树立新的思维训练观。这一节相对抽象，为的是在开始创新方法训练之前，先树立新的思维训练观，树立如何看待创新方法的态度，进而对创新方法训练有更加透彻的理解，甚至可以创造出新的"创新方法训练"。

所谓新的思维训练观就是要求我们：超越"知识中心论""专门思维训练论""即时效果论"的认识误区，进一步推动创新思维训练的发展。

5.2.1.1　以"合力教育论"超越"知识中心论"

现行教育实际在某种程度上大大限制了学生思维能力的发展。学生思维能力的发展和培养应遵循的规律被教学置之度外，学生思维的发展几乎成为"教学的盲点"。而教学材料及其所蕴涵的知识被误解为目的本身，发展人的思维的根本目的也被不知不觉地遗忘了。

面对当今教育中知识的"过分中心化"趋势，应该重视审视"知识传授与思维发展"二者间的关系。英国教育家斯滕豪斯认为，知识"与信息不同，它是一个结构，支撑着创造性的思维并提供判断的框架"。作为思维的原始材料，人们运用知识来思考。知识的价值在于其作为思考的焦点，激发各种水平的理解，而不是作为固定的信息，让人们接受。"教育引导人们探索知识，达到这一程度才算是成功：它使学生的行为结果无法预测。""教育的使命是使人变得更自由，更有创造力……"知识的价值存在于"解决问题"的过程中，而当知识被用来解决问题时，知识将发挥它的思维训练价值。

因此，在当前教育被大量无休止的记忆性知识充斥的状况下，我们在理解知识与思维之间的关系时，不如将知识视为解决问题、发展思维的材料，而不是目的本身。使发展学生的思维成为教育的基本使命。于是，以适当的知识积累为基础，在与知识打交道的过程中发展学生的思维能力，强调知识和思维的合力教育作用，应当成为当前教育改革理念的必然选择。

5.2.1.2　以"生活体验论"超越"专门思维训练论"

现行的创新思维训练，由于教育制度化、知识化的"过滤"作用，越来越倾向于以专门形式进行思维的培养。这种远离学生日常生活、与学生生活处于隔离状态的思维训练，就如杜威所批评的那样，是学校教育的"最大浪费"，即"从学生的观点来看，学校的最大浪费是由于学生不能把在校外获得的经验完整地、自由地在校内利用。同时，他在日常生活中又不能应用在学校学习的东西"。由此看出，尽管学校可以规定专门的创新思维训练课程，却无法规定学生形成创新思维的专门的思维训练时间，因为学生的创新思维形成于学校生活的各个方面。

依据思维心理学的研究成果，我们可以概括出学生创新思维形成与发展的一般规律：生活是学生创新思维形成与发展的源泉。学生的创新思维来源于生活，学生有着什么样的生活体验，就有什么样的创新行为。不能脱离生活给学生强加一种思维方式，哪怕是所谓的创新思维。作为思维发展的主体，学生会在复杂的生活中，通过活动与交往，不断解决自身面临的问题与冲突，从而逐步建构起自己的思维方式。

可以说，只有源于学生实际生活的教育活动才能引发他们内心的，而非表面的创造意识，真实的，而非虚假的创新体验和创新认知。创造性思维的形成必须在学生的生活过程之中，而非在生活之外进行。当然，开展生活体验式的创新思维训练，不能把专门化的创新思维训练当成学生生活的简单再现，而是要从学生生活的细枝末节出发，引导学生理解和体验创新思维在生活中的应用。

5.2.1.3　以"长效训练论"超越"即时效果论"

创新思维训练的效果并不简单，其实现有一个过程，可分为三个阶段。第一阶段是初级效果，即通过一个具体的思维训练，使学生掌握了某种思维方式，或产生了某种思维意识，或促进了某种思维行为。第二阶段是次级效果，即学生创新思维的形成。这是一个相当漫长而复杂的过程，既可能在创新思维训练过程中实现，也可能要在创新思维训练结束后才能实现，还可能要贯穿学生的一生。第三阶段是终极效果，即有良好创新思维能力的学生推动了社会的发展和进步。显然，这个阶段更加漫长而复杂，不可能在几次创新思维训练的过程中实现，它属于创新思维训练效果的延续性表现。创新思维训练的效果如何，固然要看某一时刻学生经由思维训练产生的反应，更重要的是要看其对学生创新思维形成最终产生了什么影响，要看培养出来的学生对社会发展产生了什么影响。

　　然而，人们对待创新思维训练的急切心态，以及受到现有思维训练评价手段的限制（对次级效果和终极效果无法准确归因，无法量化评价），都使人们把注意力集中于思维训练的初级效果上，缺乏等待次级效果和终极效果的耐心。但是，紧紧依据初级效果来衡量创新思维训练也并不可靠，因为思维训练与知识学习不同，它有自己的特点。知识学习重在解决事实判断的问题，见效比较快。比如上了一堂数学课，学习了一个数学原理，就可以立即布置作业来检验学生对数学原理的掌握情况。但思维训练却与之迥然不同，它着重于思维方式的形成和行为实践，见效比较慢。对创新思维训练效果的考察，重点不在于学生对数学原理的掌握情况，也不在于学生能否背诵数学原理的具体内容，而在于学生是否能够运用数学原理，举一反三地发现与之相关的原理、推论。

　　正是基于此，创新思维训练不应该追求"立竿见影"式的初级效果，而应倡导追求长远功效，追求长远的次级效果和终极效果。考虑到目前无法准确测量思维训练的长远效果，因此，创新思维训练最好是"多问耕耘，少问收获"。

　　"合力教育论""生活体验论"和"长效训练论"虽然各有自己独特的内涵，但三者相互联系，共同构成一个有机整体，形成了一种新的创新思维训练观。新的思维训练观超越了以专门训练、经济效率和知识中心为底蕴的传统思维训练观，强调创新思维训练的长远目的在于通过培养有创新意识的学生来推进创新型社会的发展；强调学生创新意识的增加、创新能力的提高和创新行为的改善是实现长远目的的手段；强调创新思维训练从学生的生活出发，而不是从专门训练出发，按照生活的逻辑，而不是训练的逻辑来培养创新思维能力；强调知识教育的作用是有限的，必须与思维教育、生活教育共同形成教育合力。

5.2.2　创新方法训练

5.2.2.1　第一性原理创新法

　　第一性原理思维，也被称作第一性原理推理，它是用来解决复杂问题和产生原创解决方案的最有效的策略之一，也是学习如何独立思考的最有效的方法。第一性原理即不能再进一步推导的基本假设。第一性原理最早来自古希腊哲学家亚里士多德。两千多年前，亚里士多德将第一性原理定义为"事物被认知的第一根本"。科学家不会去假设任何事情，相反，他们会反问自己："我们能确定的真相是什么？""什么是可以被证实的？"他说："在每个系统探索中存在第一性原理。第一性原理是基本的命题和假设，不能被省略和删除，也不能被违反。"

【案例分析】

马斯克颠覆式创新的终极秘诀

企业家马斯克运用"第一性原理"思维取得了事业上的颠覆性创新，他认为这是一种物理学的方法。马斯克在 2002 年就开始了他将第一枚火箭送上火星之梦的求索，但他很快迎来了第一个棘手难题，运输火箭的费用竟然高达 6 500 万美元。马斯克没有知难而退，他开始用第一性原理思维去推理这个难题，将过程简化为最基础的部分，了解了火箭由航空级铝合金，再加上一些钛、铜和碳纤维制作而成，而这些原材料在市面上的成本价大约只是火箭总价格的 2%，这样一来，马斯克决定创办一家自己的公司，购入原材料自己制造火箭。这也是航空公司"美国太空探索技术公司（SpaceX）"诞生的由来。

而马斯克在特斯拉电池上的改造，是他对第一性原理的另一个应用。当时储能电池的价格是 600 美元/千瓦时，85 千瓦时电池的价格将超过 5 万美元，这样的高成本让马斯克用第一性原理思维仔细分析——电池组到底是由什么材料组成的？原材料市场价格是多少？如果直接购买这些原材料再组合成电池是多少钱？很快，马斯克发现这样竟然只要80 美元/千瓦时。他在 2013 年开始自己建立电池厂，不久后便进行大规模生产，产量足以支持每年 150 万辆电动车对于电池的需求。

这便是第一性原理，将复杂的问题分解为最基本的问题，这些基本部分又恰好是构成整体的基础。

【思考与讨论】

马斯克设计的电池和火箭有什么特点？他的"第一性原理"是如何体现的？为什么要采取这样的方式？你认为他们公司的火箭会成功吗？

5.2.2.2 机遇创新法

创业经商，或是进行科学实验与研究时，人们总爱把行为或事件过程中偶然出现的，能够带来转机和出乎意料的现象，称为好运气或机遇。创业者应当善于发现并抓住这样的机遇。

举世闻名的希腊船王奥纳西斯在 20 世纪 20 年代曾经经营烟草生意，1929 年的经济大萧条把许多人的财富吞噬一空，奥纳西斯却趁机以极低的价格购买了一大批人们认为不景气的航海轮船。第二次世界大战爆发后，他得到了石油输送权，奥纳西斯利用他的船队，很快成为"世界船王"。

在 2015 年北京雾霾情况严重的期间，恶劣的空气质量引发了人们呼吸洁净空气以保障身体健康的需求，进而引爆了防霾口罩和空气净化器的市场。我国老龄化问题越来越严重，预计 2020 年 60 岁以上老年人将达 2.5 亿，对老年人的护理服务目前远远供不应求，由此引发了多种多样的机会，如智能化养老解决方案、健康监测类智能硬件产品、老年人陪护机构、养老服务培训机构等。

5.2.2.3 模仿创新法

模仿创新是指在解剖其他样机的情况下，掌握他人设计、工艺、构造原理，或购买、破译领先者的核心技术和技术秘密，以吸取其先进经验并研究其缺陷与不足，进而在此基础上技术创新，改进产品性能或结构，提高质量，改善功能，获得经济效益的一种行为。

（1）模仿创新的进入时机

开发一种全新的产品往往要耗费巨大的人力、物力和财力，并且需要相当长的研究时间，采用模仿创新则可以最小的代价获得最大的收益。因为它无须从头研发，也无需市场调研，投资小、风险小，只做有价值的新技术跟踪学习。长期模仿创新，能不断提高企业的基础竞争力，积累创新的能力与经验。模仿并不是全盘照搬照抄，一定要结合实际情况灵活应变，根据当地当时的民情、风俗人情等实际情况改进和变革，模仿创新才会有生命力。

出现下列一种或几种情况，被认为是模仿的最佳时机。

① 小企业开创新市场时　小型先驱公司和大型市场后来者之间的营销能力存在本质上的差异，这时，效仿者要迎头赶上就轻而易举。

② 不存在专利或可以避开专利时　专利可提供的保护比人们想象的要少得多，因为有许多方法可绕过专利。具体的产品可以申请专利，但抽象的创意却无法申请。

③ 拥有共同的经验时　模仿者曾生产和销售过非常接近创新产品的东西时，成功的机会就会大大增加。这种先前经验很容易抵消先驱者的优势。

④ 先驱者的定位仅在某一段市场时　刚开始时，先驱者可能在最初的那段市场占据了最佳地位，但随着市场不断扩展，已超出原有界限，以至于先驱者占据最佳地位的市场越来越无足轻重，这就为较晚进入市场的模仿者提供了抢占最佳市场地位的机会。

（2）模仿创新策略

为什么"迟人半步"也能走上成功之路呢？因为任何新产品都不可能一开始就完美无瑕，而"抢占先机"者往往为取得市场领先地位所陶醉，很难看出自己产品的不足，不能及时发现并克服产品的缺陷。"迟人半步"者则处于静观默学的状态，先选准自己需要的产品和技术，跟踪研究他人首创产品核心技术，分析其优点与不足，然后自己集中研发力量，扬长避短，生产出款式更新颖、更实用、更合理、更先进、更便宜的同类产品，进而更有效地满足消费者喜新厌旧的特性。而这样的产品更有可能获得旗鼓相当的市场份额，甚至取而代之。可见，研发力量薄弱的中小企业尤其是新创企业，当自己的某些产品和服务不能抢先进入市场时，其实并不用着急，模仿创新，常常可以后来居上。

① 模仿设计品　引进竞争对手畅销产品的风格、设计或样式，或者发现某一领域中创新产品的潜在价值，就把它应用到其他领域。

② 创造性改造品　这是最具创造精神的模仿产品，即对于现有产品加以结构或功能等方面的改进。

③ 模仿创新出来的产品或服务，定价低于被模仿对象。

【案例分析】

腾讯的模仿与创新

马化腾是怎样一个人？新浪王志东毫不忌讳地评价他是业内有名的"抄袭大王"，这样的评价并非空穴来风，马化腾创办的产品，从OICQ到拍拍网，外界对此一直都有"抄袭"的质疑声，但仔细分析一番便会发现他的商业思路并不简单。

1998年底，27岁的马化腾与朋友一起创办腾讯，三个月后推出QQ的前身OICQ，而外界认为这完全就是国外即时通讯软件ICQ的中国翻版，是实打实的抄袭。但很快，QQ在全国风靡起来，专业分析人士认为它完全符合中国人的消费能力和沟通方式。

马化腾面对变化迅速的互联网市场是谨慎小心的，他认为新产品要保证稳定，要慎重，在这种思路下他并没有选择采用自主创新再投入市场的商业模式，并对外界的抄袭质疑不以为然："抄可以理解成学习，是一种吸收，是一种取长补短。"

【思考与讨论】

估计当今中国的大学生没有人不曾用过腾讯的产品，这些产品你觉得哪些好用，哪些不太好用呢？他们背后的故事更是耐人寻味。腾讯从"抄袭嫌疑"到成为市场领军企业，中间有一场著名的"3Q大战"。在此之后，腾讯组织了一次业界、学界一起围绕腾讯发展战略的大反思，腾讯也就从此时逐渐变得更加的开放、多元，从"学生"变成了"老师"。微信的兴起，让腾讯的产品从一个工具变成了平台，越来越多的企业、产品、个人都得以在腾讯构筑的互联网世界里生存和发展。在这个案例里面，腾讯的思想和行动是怎么发生改变的呢？对你有什么启示？

【案例分析】

日本的角色转换：从学生到老师

日本在汽车行业中实现从学生到老师的角色转换，用了将近50年。早在20世纪30年代，日本还是个只有3家小规模的汽车制造厂的小国家，经济发展并不如现在，而同一时期的美国福特公司已经能够每天生产1万辆T型轿车了。

丰田喜一郎很看好汽车行业在日本的发展，于是在当时投资了13万创立丰田汽车公司，但公司在汽车制造方面并没有经验，无法靠自己在市场上站稳脚跟，所以他们采取了一种策略：开始模仿当时汽车技术比较成熟的美国同行。

首先，他们的第一个模仿对象是美国克莱斯勒的Airflow车型，丰田公司以此为原型生产出AA型样车并在小批量生产后取得不错的销量，得到了市场的肯定。由此丰田公司的创业者们相信着：如果能在模仿的同时给予改进，那就更好。因为日本国情和美国不同，完全照搬的话并不适合日本的汽车市场，故而此后丰田公司不再只是简单地照搬模仿美国汽车，而是对其进行逆向工序分解，并大量采用福特、雪佛兰的零部件，改变了以往投资巨大的冲压工序，选择手工敲打，以此来节省模具，减少机床数量。

就这样在模仿中创新至20世纪80年代，反转发生了，以模仿发家的丰田公司已在世界汽车行业内有了一席之地，还拥有许多自己的创新技术，即便是在曾经模仿对象的地盘上，丰田公司也以优质、廉价和油耗低获得了美国消费者的青睐，所以这时美国反而开始向日本学习特色技术，二者实现了老师和学生身份的互换。

不仅是汽车行业，日本的技术崛起几乎都在模仿的基础上进行的，日本通过引进设备和生产线，在生产中逐步培育对设备的仿制能力，这样一来，使得日本在家居用品、电子产业等领域都能处于世界领先地位。

【思考与讨论】

丰田是从什么时候开始闻名世界的？它为什么能从模仿到创新？是自愿的创新还是市场所迫而进行的创新？企业能不能绕过模仿，快速地进行创新？

【案例分析】

创新引领中国高铁

从 2008 年京津城际铁路开始，中国高铁经过 10 年的发展，已经成为中国向世界展示自己的一张靓丽名片。截止到 2018 年底，中国高铁通车里程达 2.9 万千米，超过世界总里程的 2/3。尤其是具有自主知识产权的复兴号高铁，更是以商业运营时速 350 千米成为目前世界上运营时速最高的高铁，《人民日报》评价道：它是科技创新先锋。复兴号动车组驰骋在祖国大地上的身影，代表着中国人对中国梦的不懈追逐，在这数十年里，通过几代铁路人和科技工作者的不断探索和勇于创新，一步步攻坚克难，中国高铁已经实现弯道超车成为世界领跑者。

中国高铁始终坚持"推陈出新"，适应本土气候和地理环境，不照搬抄袭，不断超越自我，具有自主知识产权的复兴号系列高铁动车组，更是拥有更高的智能化程度，不仅适应了中国地域广阔、温差大、长距离、高强度等运行需求，还在多种状况下进行了比欧洲标准更严格的 60 万千米的运行考核。

2016 年，"复兴号"以超过 420 千米的时速在郑徐线上交会而过，创造了高铁列车交会速度的世界新纪录，除此之外，中国高铁在稳定性、舒适性、适应性、性价比上也是遥遥领先于世界水平，更有"一带一路"沿线国家留学生将中国高铁称作中国的"新四大发明"之首。

2019 年年底，具有自动驾驶技术的京张高铁开通运营，上线运行的复兴号高铁动车组也以 450 千米的时速开往更多城市。为了实现国人更加便捷的交通生活，中国铁路人怀揣只争朝夕的伟大精神，不断拓展和完善中国铁路网，为人民群众的幸福感添一份力。

【思考与讨论】

国外的创新，中国可以模仿，但走到一定的关口，中国就不得不进行前无古人的创新了，这是中国独有的广大市场和需求所决定的。高铁就是其中一种必须要有"中国创新"的产品和服务。请你和家中长辈一起回想一下：有哪些高铁的创新，让某一刻感觉比以前的火车要先进很多？哪些地方比国外更先进，又有哪些地方还有待改进？

5.2.2.4　组合创新法

人们往往认为，凡是发明创造都必须别出心裁，应用全新的知识。其实不然，在许多情况下，在已有的知识基础上，把不同的知识或要素结合起来，或者把不同功能巧妙组合在一起，往往就可以实现科学技术的发明与创新。

（1）优点组合创新法

优点组合创新法就是将各种产品的优点集中起来，进行新的创造的方法。其实，大凡能够不断整合现有产品优点开发出新产品的企业，其产品大都供不应求，符合未来的消费趋势并且引领了消费。例如，华为手机 Mate20 初一上市立马引发全球"花粉"（华为的粉丝）抢购。华为多年在手机行业的深厚技术积累和消费洞察使它能够获得巨大的市场价值。手机发展到今天，也是各种功能和设计组合的创新产品，甚至具有拍照功能的手机已经击败了众多的单反。

【案例分析】

三菱电器火锅的发明

三菱电器是日本人创立的，而三菱电器火锅，却是一名叫陈浩林的中国人发明的。

某一天，陈浩林先生到东京小住时，突然灵光一闪，脑中出现了一个新奇想法，是否可以将中国常使用的火锅形态加以改良，然后卖给日本电器公司？这样的改良火锅很可能会打入日本市场占有一席之地。

有了想法后陈先生开始进行实践，他采用组合的形式将不同器物的优点组合在一起，并将使用炭火的中式火锅改良为在放炭的洞里接根电热丝，他将这个发明卖给了日本的三菱电器公司，获得了 120 万日元的报酬。这个改良火锅被命名为"三菱电器火锅"，一上市就受到了许多日本消费者的喜爱，创下三菱公司最畅销商品的记录。而陈浩林本人也在短时间内成为了发明届的英雄。

【思考与讨论】

这个火锅的发明具有什么特点？火锅还可以与什么结合在一起？请举出 10 个以上的"火锅新发明"。

（2）多功能组合创新法

追求多功能是一条重要的创新捷径。功能的增加并非一定由于原有产品或经营方式存在明显的缺陷，它主要是从组合创新的思路出发，激发出许许多多的创新设想。运用组合创新法进行产品创新，可以有多重思路：产品的材料、颜色、体积、功能等。初始阶段，可以从产品的某一方面功能作为出发点进行思考；运用娴熟时候，也可以拆解为多个单元，然后综合考虑，灵活组合。

【案例分析】

联想云服务平台

2010 年，联想针对中小企业典型需求，设计推出了便捷高效的线上服务平台——扬天"云豆"云服务平台。这个平台就体现了多功能组合创新的思想，它集成整合了在线会计服务、在线进销存管理、在线客户管理、在线对账平台、在线订货平台等多项功能。对于初创型的中小企业，这些现成的应用免去了企业管理者到处寻找管理系统的麻烦。

【思考与讨论】

互联网产品的组合创新和传统产品的组合创新一样吗？它们有哪些不同呢？

（3）主体附加创新法

主体附加创新技术是以某一特定的对象为主体，置换或插入其他附加事物，从而引发创新的一种组合技巧。它是对材料、元件、原理和方法等灵活组合应用的结果。这种创新的优点是容易产生组合设想，但不能对原有事物产生重大突破性的改进。

主体附加创新法常采用两种方式。第一种方式是不改变主体的要素与结构，纯粹附加。例如，电脑屏幕前的"保护屏"，摩托车上附加的里程表、后视镜、车筐、报警器等，每附加一种设计，也就增加了一些相关的功能。第二种方式是在附加前改变主体内部结构，以便使主体和附加物之间结构协调紧凑。例如，将盆景与壁灯的功能组合并赋予新的结构，发明盆景式壁灯；多功能健身手杖，通过对普通手杖进行改装，使其具有挂杖助行、照明、按摩、磁疗、报警、健身和防卫等多项功能；又如，某品牌台灯附加了播放音乐、收听广播、计算器、温度计、时钟等多项功能。

【案例分析】

雷军谈小米的创新

2017 年 9 月 17 日，雷军在"小米创新的故事"主题演讲中谈到了小米品牌从创立到兴盛的过程。

第一，他谈到如果想做世界最酷、品质最好、设计最漂亮的产品，就必须要花很多钱，与此同时他发现中国商业的核心问题是商业效率低下，任何东西要经过多层才能到消费者手上，价格就会变得很昂贵，然而在美国买到的中国制造品，价格是在中国买到的一半，所以他决心改变中国商业的现状，那就是改善商业效率。

第二，他提到商业效率低下时，要降低价格那就要缩减成本，成本降到最低就变成"山寨"了，然而不论这些产品成本高低，到商场里的价格高出十倍甚至几十倍，可现状好像是每个人都不挣钱，于是形成恶性循环，价格高了消费者不买单，货摊销不掉，商家只好定更高的价格。这样一来，雷军知道问题出在了哪里，便提出解决策略：把所有的过程最大限度地压缩，压缩之后的资金全部用来做产品研发，专注于产品本身。

第三，在他的商业模式里，小米既做硬件研发又做零售，因为手机行业的定价基本上是材料成本乘三倍，大家才能挣到钱。而雷军认为小米直接开一个网站来进行售卖，有人要买手机的话额外付出的成本就是运费。正因为这样的高效率，小米迅速挤垮了中国所有的山寨机，逼着整个中国的手机行业改善品质、效率和设计。

第四，雷军介绍了小米之家的商业理念，小米之家是个售卖消费电子产品的店面，很多人进去后不一定会买价格相对高的手机产品，但却会选择一些日常生活所需要的东西，比如电池，小米和顶级的电池厂家合作生产了能做到不污染土地的环保电池，还附带一个电池收纳盒，让消费者也尽可能地拥有环保意识。除此外，小米之家还售卖插线板、充电宝、签字笔等，都在保证质量和价格的基础上做到设计精美，使用便利。

第五，他分析了小米之家大火背后的逻辑是爆品策略，为了设计出强续航又防水的低成本手环，小米竭尽全力，最终以 79 元人民币的价格成为了世界第一，这个定价仅是国外同行的 5%。诸如此类的产品还有空气净化器、电饭煲、扫地机器人，这些爆款产品都成就了小米之家的优良口碑。

【思考与讨论】

小米的出现给中国消费品带了一阵新气象。小米在性价比上做足了文章，但在这里更能看出他们在设计上、渠道上的用心。雷军有互联网思维的七字口诀：专注、极致、口碑、快！这成就了小米的横空出世。雷军的讲话中，哪些内容体现了七字口诀？小米近几年也产生了一些下滑，又是出于什么原因呢？试试从产品创新、模式创新的角度寻找原因。

5.2.2.5 联想创新法

联想应当源于现实，高于现实。好比画家，一是要临摹古今中外名画，学习精髓；二是要广泛写生，名山大川、江河湖海尽在胸中。创作时，就会把写生中所见险峻的山峰、陡峭的崖壁、奔腾的江流、壮阔的草原等联想起来，组成自己的作品。联想，将带来巨大的创新，这不是现实的简单的复刻，而是融入了人的主观能动性的想象。

联想要有知识储备。人的联想不是凭空产生的，需要有丰富的知识和经验积累为基础。一个人的知识经验越丰富，想象力越驰骋宽广，创造成功的可能性也就越大。伟大的发明家爱迪生从小就勤奋好学，11岁就阅读了科学百科全书、牛顿的著作及其他各种书籍，积累了丰富的科学知识，为以后的1 000多项科学发明打下了坚实的基础。

联想的方法有很多种，应当灵活和综合运用。人的大脑中，一旦确定了联想思路，常常会出现并联现象。这是多层次的立体联想，是联想的联想，是联想的高层次发展，是联想的提升与飞跃，是举一反三的联想。

（1）类比联想创新法

触类旁通、举一反三的类比联想，是人们运用联想创新的主要技法。

① 直接类比　在自然界或已有的成果中寻找与创造对象相类似的东西。

鲁班是怎么发明锯子的呢？传说，有一次他进入深山密林里砍伐树木，一不小心，手被一种野草的叶子划破了。他摘下叶片轻轻一摸，发现叶子的边缘长着锋利的齿状突起，只要皮肤轻轻地划过边缘，就很容易被划破甚至出血。他还注意到地上的蝗虫，上颚上也排列着许多小齿，能很快地切割叶片。鲁班就从中得到了启发。他想，要有这样齿状的工具，不就可以快速又方便地锯断树木了吗？他经过多次试验，终于发明了锋利的锯子，大大提升了工作效率。

现代仿生学通过直接类比设计了很多实用的高科技产品：跳蚤的跳跃本领十分高强，航空专家对此进行了研究，制造出一种几乎能垂直起落的飞机；生物学家通过对蛛丝的研究制造出高级丝线、抗撕断裂降落伞与临时吊桥用的高强度缆索；船和潜艇来自人们对鱼类和海豚的模仿；响尾蛇导弹是科学家模仿蛇的"热眼"功能以及舌上排列着的类似照相机装置的天然红外线感知能力，研制开发出来的现代化武器；火箭升空利用的是水母、墨鱼的反冲原理；科研人员通过研究变色龙的变色本领，为部队研制出不少军事伪装装备；科学家研究青蛙的眼睛，发明了电子蛙眼；白蚁不仅使用胶粘剂建筑它们的土堆，还可以通过头部的小管向敌人喷射胶粘剂，于是人们按照同样的原理制造了干胶炮弹；美国空军借鉴毒蛇的"热眼"功能，研究开发出微型热传感器；我国纺织科技人员利用仿生学原理，借鉴陆地动物的皮毛结构，设计出一种KEG保温面料，使其具有防风和导湿的功能；科学家根据响尾蛇的颊窝能感觉到0.001℃的温度变化的原理，发明了跟踪追击的响尾蛇导弹；人类还利用蛙跳的原理设计了蛤蟆夯；人类模仿警犬的高灵敏嗅觉制成了用于侦缉的"电子警犬"；科学家根据野猪鼻子测毒的奇特本领，制成了世界上第一批防毒面具。

② 象征类比　用具体事物来表示某种抽象概念或思想感情。这种方法多用于建筑方面的设计。生物在千万年的进化过程中，为了适应自然界的规律，需要不断完善自身的结构与性能，需要获得高效低耗、自觉应变、新陈代谢、肌体完整的保障系统，才能得以生存、繁衍。人也是大自然的一员，人为了生存发展需要建筑，同时建筑也要适应自然界的规律。自然界是人类最好的老师，人们自古以来无时无刻不从自然界中获得灵感并进行有益的创造。但建筑仿生并不是单纯的模仿、照抄，它是吸收动植物的生长肌理及一切自然生态规律，然后结合建筑本身的用途而适应新环境的一种创作手法，无疑它是具有生命力的，也是可持续发展的保证。

③ 拟人类比　例如，机器人的设计。设计者从人体的结构、动作中得到启发，使机器人模拟人的动作。挖土机就是模拟人体手臂的动作设计的。

④ 因果类比　两个事物的各个属性之间，可能存在着某种因果关系，因此可以根据一个事物的因果关系，推测出另一个事物的因果关系。

【案例分析】

卡文迪许测算地球的质量

地球有多重？英国物理学家卡文迪许（Cavendish，1731—1810）是世界上第一个成功"称"出地球质量的人。

曾经有科学家提出过一种计算地球质量的方法，利用公式质量＝密度×体积。由地球半径可以算出地球的体积是 1.08×10^{21} 立方米，但难题在于，根本无法知道地球的平均密度是多少，甚至有科学家断言算出地球质量只能是空想。

然而转机来了，牛顿发现了万有引力定律，这让称地球质量的工作重获希望。牛顿提出需要分析几个数值：第一个是地球对一个已知质量物体的吸引力；第二个是地球和物体之间的距离；第三个数值是万有引力常量 G。而第三个关键数值，牛顿并没有测量出来，也就让称地球质量这件事再次停滞。

卡文迪许还在读大学时便对这个问题很感兴趣，他在得知剑桥大学的约翰·米歇尔教授研究磁力的方法能观察到很微弱的力的变化时，便立即向米歇尔教授请教相关问题，根据教授的方法，卡文迪许仿制了一套装置，设想的原理是，如果用两个大一些的铅球分别移近两个小铅球，根据万有引力定律，"哑铃"在引力的作用下发生摆动，石英丝也会随着扭动。这时候，只要测出石英丝扭转的程度，就可以进一步求出引力了。然而，理论成立，实验却多次失败，因为引力还是太微弱了。

冥思苦想几十年后，事情终于又有了转机。1798 年，卡文迪许在去英国皇家学会参加会议的路上，看见有几个孩子在玩游戏，他们每人都拿着一面小镜子来反射太阳光，互相照着对方玩，每当小镜子转动到不同的地方，光点也会跟随着移动。就在此时，卡文迪许脑海中突然闪过一个念头，石英丝扭转放大问题是否可以借助小镜子反射来解决呢？他激动地掉头往实验室跑去，对原来的装置进行改进，如此一来，只要石英丝有一点儿极小的扭转，反射光就会在刻度尺上明显地表示出来，之后，卡文迪许把这套装置命名为扭秤。

终于，卡文迪许利用这套装置成功地测得万有引力常量 G 是（6.754±0.041）×10^{-8} 达因·厘米^2/克^2，这个值同现代值（6.673 2±0.003 1）×10^{-8} 达因·厘米^2/克^2 相差无几。有了引力常量，卡文迪许也就进一步算出地球的质量为 5.976×10^{24} 公斤。而从开始思考到 1798 年终于得出地球质量，卡文迪许用了 50 年。

【思考与讨论】

一个复杂无比、看似无解的抽象问题，竟然可以从一个简单的小实验得到破解的灵感！我们能看到联想创新的强大力量。这也是人类智慧的体现。在这个案例里，卡文迪许的联想是如何产生的？为什么这样的现象能让他产生灵感，而一般人（却）对这样的现象熟视无睹？生活中，你有没有过类似这样恍然大悟、茅塞顿开的时候呢？

⑤ 对称类比　通过对称关系进行类比，创造出全新的东西来。例如，从女士化妆品中创造出男士专用化妆品，从热电发对称发明了冷电发；又如，人们日常做饭炒菜总是热源在下，食品在上，烤鱼、肉等食品时，油烟飘逸，鱼和肉加热后析出的油脂往下滴在电热丝上，不仅产生大量油烟，而且会缩短电热丝的使用寿命。将炼钢使用的"氧气顶吹技术"或芬兰浴中的蒸汽房技术转移过来，再将食品的位置换一下，热源放在上面，食品放在下面，问题就迎刃而解了。

⑥ 综合类比　各种事物属性之间的关系虽然很复杂，但可以综合它们相似的特征进行类比，比如将一个模拟飞机置于风洞中进行模拟飞行试验。

（2）功能变异联想创新法

现代创新设计过程中的功能变异联想创新法，就是要奇思妙想，对现有产品和服务的功能进行变革联想，并根据实际情况和具体需要进行灵活的改造和完善，从而构成一种有别于以往设计的创造性联想。

【案例分析】

叩诊法诞生的故事

叩诊，是现代临床医学常用的一种物理诊断方法。医生通过手指叩击人体的一定部位，根据各部位质地、密度及器官中气体和液体含量不同所产生的各种不同声音，来判断各器官的生理或病理状态。这种方法简便易行，即使在医学科学日趋发达的今天，仍然被世界各国的医生广泛应用。

叩诊是在 18 世纪中叶发明的。一位名叫奥恩布路盖的维也纳医生在进行尸体解剖的时候，发现有些死者的胸腔内充满着液体。这种现象引起了他的深思，为什么胸腔积液在死者生前不能被发现？应该如何发现？一次，他忽然想起他那经营酒业的父亲，经常用手指敲打酒桶，凭其发生的清、浊声音来估计桶内酒量的多少。人体的胸腔不也可以用手指叩击，听其发出不同的声音而估计胸腔内有无积液吗？奥恩布路盖经过不断地摸索，终于发明了最早的叩诊方法，即用 4 只手指直接叩击人体胸部，并对胸部疾病与叩击音的变化关系做了较深刻的研究。他于 1761 年在维也纳发表了论文《用叩诊人体胸廓发现胸腔内部疾病的新方法》。

　　但是，奥恩布路盖的发明在当时并未能引起人们的注意，相反还遭到了某些名医的冷嘲热讽，他甚至被指责为"疯子"。到 19 世纪初，由于法国医生高尔维沙尔的推荐和法国临诊病院的应用，叩诊才逐渐被人们重视。1818 年，在上述直接叩诊法的基础上，创制了叩诊板和叩诊锤，于是就产生了间接叩诊法。1838 年，维也纳著名医生斯科达对叩诊进行了更为深入的研究，并应用声学原理阐述了出现不同叩击音的原因，为叩诊找到了理论依据。之后，人们对上述两种叩诊法作了改进，医生用自己左手中指的背部作为叩诊板，用右手中指进行叩诊，这种方法一直沿用到现在。

【思考与讨论】

　　联想创新法是跨界的一种方法，从案例中可以看到，它其实是把一个领域的原理和方法应用在另外一个领域。因此，平时可以习惯性训练联想，而且要多个领域的联想，比如，敲酒桶除了可以测出装置内部情况，还可以测出什么东西？请举出 5 个以上的例子。

　　（3）奥斯本检核表法
　　检核表法是一种简便易行的联想创新方法。奥斯本检核表法以该技法的发明者奥斯本命名，引导创新主体在创造过程中对照 9 个方面的问题进行思考，以便启迪思路，开拓想象空间，促使人们产生新设想、新方案（表 5.1）。

表 5.1　奥斯本检核表法的 9 个维度 75 个问题

检核项目	含义	细分问题
一、能否他用	现有事物除了大家公认的功能，是否还有其他的用途？	1. 有无新的用途？ 2. 是否有新的使用方法？ 3. 可否改变现有的使用方法？
二、能否借用	能否引入其他的创造性设想？能否模仿别的东西？能否从其他领域、产品、方案中引入新的元素、材料、造型、原理、工艺和思路？	4. 有无类似的东西？ 5. 利用类比能否产生新观念？ 6. 过去是否有类似的问题？ 7. 可否模仿？ 8. 能否超过？
三、能否扩大	现有事物能否扩大适用范围？能否增加使用功能？能否增加零部件？能否延长它的使用寿命，或增加长度、厚度、强度、频率、速度、数量、价值？	9. 可否增加些什么？ 10. 可否附加些什么？ 11. 可否增加使用时间？ 12. 可否增加频率？ 13. 可否增加尺寸？ 14. 可否增加强度？ 15. 可否提高性能？ 16. 可否增加新成分？ 17. 可否加倍？ 18. 可否扩大若干倍？ 19. 可否放大？ 20. 可否夸大？

续表

检核项目	含义	细分问题
四、能否减少	现有事物能否体积变小、长度变短、重量变轻、厚度变薄，以及拆分或省略某些部分（简单化）？能否浓缩化、省力化、方便化、短路化？	21. 可否减少些什么？ 22. 可否密集？ 23. 可否压缩？ 24. 可否浓缩？ 25. 可否聚合？ 26. 可否微型化？ 27. 可否缩短？ 28. 可否变窄？ 29. 可否去掉？ 30. 可否分割？ 31. 可否减轻？ 32. 可否变成流线型？
五、能否改变	现有事物能否做些改变，如改变颜色、声音、味道、式样、花色、音响、品种、意义、制造方法？改变后效果如何？	33. 可否改变功能？ 34. 可否改变颜色？ 35. 可否改变形状？ 36. 可否改变运动？ 37. 可否改变气味？ 38. 可否改变音响？ 39. 可否改变外形？ 40. 是否还有其他改变的可能性？
六、能否代用	现有事物能否用其他材料、元件、结构、力、方法、声音、符号等替代？	41. 可否代替？ 42. 用什么代替？ 43. 还有什么别的排列？ 44. 还有什么别的成分？ 45. 还有什么别的材料？ 46. 还有什么别的过程？ 47. 还有什么别的能源？ 48. 还有什么别的颜色？ 49. 还有什么别的音响？ 50. 还有什么别的照明？
七、能否调整	现有事物能否变换排列顺序、位置、时间、速度、计划、型号？内部元件可否交换？	51. 可否变换？ 52. 有无可互换的成分？ 53. 可否变换模式？ 54. 可否变换布置顺序？ 55. 可否变换操作工序？ 56. 可否变换因果关系？ 57. 可否变换速度或频率？ 58. 可否变换工作规范？

续表

检核项目	含义	细分问题
八、能否颠倒	现有的事物能否从里外、上下、左右、前后、横竖、主次、正负、因果等相反角度颠倒过来用？	59. 可否颠倒？ 60. 可否颠倒正负？ 61. 可否颠倒正反？ 62. 可否头尾颠倒？ 63. 可否上下颠倒？ 64. 可否颠倒位置？ 65. 可否颠倒作用？
九、能否组合	现有的事物能否进行原理组合、材料组合、部件组合、形状组合、功能组合、目的组合？	66. 可否重新组合？ 67. 可否尝试混合？ 68. 可否尝试合成？ 69. 可否尝试配合？ 70. 可否尝试协调？ 71. 可否尝试配套？ 72. 可否把物体组合？ 73. 可否把目的组合？ 74. 可否把特性组合？ 75. 可否把观念组合？

亚历克斯·奥斯本是美国创新技法和创新过程之父。他在 1941 年出版的《思考的方法》中提出了世界第一种创新发明技法"智力激励法"。同年，又出版了世界上第一部创新学专著《创造性想象》，提出了奥斯本检核表法。

检核表法有利于提高发明创新的成功率，其设计特点之一是多向思维，用多条提示引导你去发散思考。检核表法中有九个问题，就好像有 9 个人从不同角度帮助你思考。你可以把 9 个思考点都试一试，也可以从中挑选一两条集中精力深思。检核表法使人们突破了不愿提问或不善提问的特质，在进行逐项检核时，引导甚至是迫使人们扩展思维，突破旧的思维框架，开拓创新思路，从而提高发明创新的成功率。

例如，里面的第 3 条"能否扩大"。在创造设想上多用加法或乘法来扩大探索的范围，这是一种很常用又很有效的创造方法。比如将电脑屏幕放大就得到"投影"现实效果；洗衣机从单缸到双缸，从半自动到全自动，从家用小尺寸到工业大尺寸；由于高科技的发展，出现光纤广告、数字化图像广告、激光广告、电话广告、水幕广告、全息广告等等。

利用奥斯本检核表法可以产生大量的原始思路和原始创意，它对人们的发散思维有很大的启发作用。当然，运用此方法时还要注意与具体的知识经验相结合。奥斯本只是提示了思考的一般角度和思路，具体还要依赖人们的创新思维。运用此法要结合改进对象（产品或方案）来进行思考，提出更多更新颖的问题，以便产生更加新颖的方案。

5.2.2.6　移花接木创新法

原指把花木的芽或枝条嫁接到别的植物上，后用以比喻暗中使用巧计在事情进行过程中更换人或事物。这里引喻在产品设计中转而他用，是一种常用的创新方法。

稻草人是农民放在田间驱逐鸟雀的工具，传统的制作材料是稻草，易腐不好保存。对此，美国一些厂商改用塑料生产，将面型绘制得丑恶无比，改进后的"稻草人"销路大增。

面包发酵后变得松软多孔，这是生活中司空见惯的现象。有一家橡胶丁老板却移花接木，将面包发泡技术移植到橡胶制造业，生产出松软多孔的海绵橡胶，一上市便大受欢迎，获得很大的成功。海绵橡胶问世后，另一家企业又从中得到启发，如法炮制出轻巧的"发泡水泥"。这种多孔水泥内含空气，是理想的隔热、隔音新材料。

现代工业设计中常常运用这种移花接木手段来开发新产品。

（1）原理移植

将某种事物的工作原理转移到其他事物上。例如，内科看病常做验血检查，通过血液组织的变化诊断病情。这种验血原理移植到工业生产，便产生一种机器"验油"新技术。这种技术不必将汽车、机床全部拆卸，只需要从油箱中取出少量润滑油，经过光谱分析，从油的各种成分变化即可断定设备的磨损程度。

（2）方法移植

国防军事上的"微波"技术移植到民用品，便产生了微波炉；飞机"黑匣子"技术一用到火车、轮船和汽车上，就创造了能将交通实况自动记录的新装置。军事工业上采用核辐射技术对材料进行特殊处理，将这种技术移植到民用密封件生产上，对橡胶密封管进行核辐射处理，便形成了形状记忆新密封件。用这种能变化口径的新密封件连接管道，比传统的密封罐性能优越得多。

（3）结构移植

这是指将某一物件的外形或结构移植到另一个物体上。例如，从积木结构出发，人们设计了组合厨房、整体浴室等。又如，将桥的结构移到屋顶上，人们研发了巨型无梁殿堂；将西欧房屋结构移到我国的别墅群中，产生了欧式花园等。

5.2.2.7 虚拟创新法

虚拟创新即借助外力创新，为创造主体所用。

（1）借力造势

诸葛亮巧妙地利用迷雾，草船借箭的故事，便是很好的一个例子。成功借助外力获得经营成功，主要有如下 5 种方法。

① 闻风而动法　美国食品研究机构把黄豆食品列为健康食品后，我国台湾机械制造业立即分析研究，在增加产量的同时尽全力将豆制品加工机械打进美国市场，当年就增加创汇 1 000 万美元。

② 跟踪追击法　淘宝网刚刚上线之时，便瞄准了世界电子商务的巨头易趣网（eBay）开始跟踪追击。从美国开始造势宣传，采取免费的差异化战术，不断地挑衅跟自己差距大的企业，营造了很好的话题效应，在起步阶段就具有了很好的宣传度。很快巨人不得不被小个子牵着鼻子走了，最终彻底退出了中国市场。

③ 合二为一法　现代社会快餐业得到很大发展。美国食品技术专家研究中国食品，把复杂的中国烹饪技术标准化，制成一套既有中国食品风味又有美国人口味的中式快餐食品。在美国，"中国玫瑰""蛋卷快餐""快锅"等中式快餐连锁店不断涌现，生意蒸蒸日上。

④ 未雨绸缪法　年轻的美国人弗里德曼买下一家仅有 15 名职工的小厂，然后果断地利用该厂来生产各式石油机械设备配件。在世界石油价格猛涨，全球到处刮起"采油风"之时，他大获其利，年成交额高达 7 000 万美元以上。

⑤ 一石二鸟法　日本某电视机销售商，对前来修理的电视机总是非常认真地填写修

理清单，注明修理的机型、修理部位和调换的零件等。他们定期统计修理单信息，及时把这些重要信息传递给生产商，供技术人员改进设计，提高产品质量；与此同时，他们把一些有用的信息传给零售商，指导客户改进使用电视机的方法，服务质量迅速提高，也促进了销售额大幅上涨。

（2）虚拟经营

皮尔·卡丹是法国名牌，已持续辉煌了几十年。皮尔·卡丹因为在时装表演领域的卓越表现，获得了意大利"奥斯卡"大奖。由于对服装文化的独特建树，他曾两度被授予意大利共和国"特等功勋章"、联合国"名誉大使"荣誉称号。

皮尔·卡丹几乎没有属于自己的工厂，他只将自己的设计方案或新潮样衣提供给质量上乘的企业制作生产，打上"皮尔·卡丹"品牌，运往世界各地销售。目前，全球有800家以上的企业采用"皮尔·卡丹"商标生产服装，每年获得的收入不少于30亿美元。

现代社会越来越看中这种"虚拟工厂"的品牌经营战略。美国的耐克、戴尔，我国的红豆、美特斯邦威等企业都是采用虚拟经营的高手。在资源有限的情况下，虚拟经营可以迅速扩大公司规模，在较短的时间内提高品牌知名度，占领更加广阔的市场，使创业者从繁琐的事务中解脱出来，更加专注于核心技术、市场的拓展和品牌创新。

（3）借助口碑

在商品广告横行的年代，一般消费者对生产者和经营者的宣传，总存在着不信任的心理。怎样才能有效地消除顾客这一顾虑呢？借助消费者的"口碑"，让用户为产品做宣传，让"买拌着夸瓜"。

日本松下电器公司的董事长恭恭敬敬地请有兴趣的消费者到公司参观生产设备和工艺流程，了解公司的管理制度和质量标准。参观者，尤其是批发商或代销商，看到松下精密的机器设备、科学先进的工艺流程、严格的质量管理之后，对松下产品交口称赞，松下电器的销售量也随之扶摇直上。邀请消费者到公司参观，还可以沟通感情，直接听取用户的意见和建议，并以此不断改进创新产品与服务，使之越来越符合消费者的需求。产品因此也就越来越受顾客的欢迎。

调查表明，在1 000名接受电视广告的消费者中，真正购买产品的不到1%；而在100名参观了"满意用户"（到使用满意的用户家里参观）的产品后感觉满意的人中，竟有82人购买了该种商品。

5.2.2.8 逆向思维创新法

逆向思维又称反向思维，它是从常规思路的相反方向来探求寻找解决问题的思路。在一定情况下，打破习惯性的思维方式，变单向思维为多向思维，或者对被人们视为完美无缺的理论持怀疑态度，常常可以获得创造性的成果。

逆向思维创新途径大致有4条。

（1）结构性反转

结构性反转就是从已有事物的相反结构形式去思考，设想新的技术创造。例如，日本的夏普公司就是突破"烧东西，火在下方"的思维定式，开发出烤鱼器。被称为当代科学奇才的英国发明家辛克莱，在设计微型电视机时，虽然把电路全部集中到一小片硅片上，对如何去掉显像管长长的"尾巴"却一筹莫展。终于有一天，他在整理资料的时候，思维的两个触点忽然被接通，将"长尾巴"做成90°弯曲，使它从侧面而不是从后面发射电子，改变前后结构设计的思路。一台面积只有一包香烟大小、厚度只有3厘米的电视机终于问世。

（2）功能性反转

功能性反转就是从已有事物的相反功能去思考，设想新的技术，创造或寻求解决问题的新途径。日本索尼公司名誉董事长井深大在理发时，从镜子里看到电视画面是反像的，由此，他设想制造反画面电视机，不仅可供理发者和躺在床上的病人从镜子中观看，还可供乒乓球训练用。右手握拍的乒乓球员可看左手握拍的球员接、发球及扣杀动作，反之也可以借鉴。

（3）角度性反转

角度反转是指当某种技术目标或技术研究按常规思路从一个方向屡攻不下时，可以变换角度，从另一个方向甚至相反方向来思考，这样往往能打开新的思路，实现新的创造。我国古代大禹治水就是角度反转逆向思维的典型例子，前任都采用堵水来治水，而大禹却突破性地采用疏导的方式。司马光砸缸的故事也说明了同样的道理，一般水中救人是让人离开水，可司马光砸缸却让水离开人。曹冲称象也是采用转换思维角度的原理。

（4）缺点逆用

缺点逆用不是以克服事物的缺点为目标，而是巧妙地利用缺点，化弊为利，变废为宝。任何事物矛盾的两方面都是相互贯通的，可以相互转化，只要全面地研究事物的各种属性及其相互关系，就可以巧妙地利用其缺点，创造出新的技术、新的事物。张飞喝酒就会鞭打士兵，但是在一次进攻中，对方坚守不出，张飞就故意喝酒鞭打士兵，让对方误以为他又要犯错，于是中了圈套。这便是缺点逆用的经典案例。

【案例分析】

"丑陋玩具"风靡全美

美国曾掀起过一阵"丑陋玩具"热潮，这样的玩具你有吗？

美国艾士隆公司董事长布希耐一次散步时，被路边几个孩子手里的"玩具"所吸引，孩子们对此物爱不释手，可那只是一只肮脏且丑陋的昆虫。布希耐突发奇想，市面上的玩具大多都是形象优美的，如果他生产一些外表丑陋的玩具将会如何呢？他行动起来，让公司研制了一套"丑陋玩具"后推向市场，结果一炮打响，这套玩具给艾士隆公司带来了巨大收益，随后在同行们的纷纷效仿下，"丑陋玩具"风靡玩具市场。

这样的玩具长什么样子呢？例如"疯球"，便是在一串小球上面印上许多丑陋不堪的面孔；橡皮做的"粗鲁陋夫"，有着枯黄的头发、绿色的皮肤和一双鼓胀且带血丝的眼睛，眨眼时发出非常难听的声音。这样的丑陋玩具价格比正常玩具贵却畅销不衰，甚至还一度改变了人们的玩具审美。

【思考与讨论】

如果你看到丑陋的事物会有什么想法？什么是无用之物？看似"无用"，换一个环境、换一个角度，就重新有了认识。同样的东西，在不同人眼里是有不一样的认识和意味的。生活中有哪些东西也产生了出乎意料的效果？

【本节重点】

本节讲述了创新思维训练观的树立，突出了合力教育、生活体验和长效训练的 3 个特点。此外提供了 8 种创新的训练方法。每种方法都有自己的特点，也可以综合运用。在训练自己创新思维的同时，应该有意识地强化实践，在实践中才能有很好的提升，进而巩固训练手法。

【思考题】

1. 创新思维训练观是什么？新的观念和旧的有哪些不同点？
2. 哪种创新方法您用得最熟练？
3. 原创性创新和模仿性创新，哪个对个人更有利？

【练习与实践】

1. 将 8 种创新方法都对同一个物品进行创新训练，比如教室的桌子、家里的电视机等，看看哪个方法的效果最好？每种方法的成本是多少？
2. 逆向思维创新法应该说是很独特的方法，面对同样的困难，积极的人总能看到好的、可以转化的一面。模仿训练，找一个缺点或短板，如何发挥他的正向价值？

第六章 认识大学生创业

【本章学习重点】

1. 了解大学生创业的时代背景及现状，认识到创业的可能性和重要性。
2. 掌握大学生创业的内涵，塑造大学生的创业精神，培养其创业意识，提升创业能力。
3. 认识大学生创业的优势和劣势，做好创业准备。
4. 识别大学生成功创业者的必备素质和能力特征。

6.1 大学生创业的价值

大学是一个人世界观、人生观、价值观形成的关键期，也是一个人进入社会之前的训练场。我国很多大学生自身乃至家人的命运都是通过读大学而得以改变，可以说大学生在大学期间的学习、生活、实践对其自我认知、人生规划、职业目标的形成和确立影响重大。从目前大学人才培养情况来看，衡量各高校教育教学质量的一个重要标准就是大学生就业率和就业质量，创业作为就业的一种形式，对促进大学生高质量就业，创新就业发挥着重大作用。

【案例分析】

陈熠舟：梦想一点点"花开"

梦想起航，是新希望的续写

陈熠舟认为梦想是生命的灵魂，是引导未来的信仰，而她的梦想，是给留守儿童更好的陪伴和教育。陈熠舟在一段讲述了留守儿童葵花写给外出父母的73封信的故事中意识到，本该得到更多关怀的稚嫩孩童却在孤独地等待父母归来，还有无数个像葵花一样的留守儿童正在经历着无望、无助的生活，这对一个儿童来讲是痛苦的也是不该承受的。陈熠舟于此更加确定了自己的梦想，她一定要给留守儿童更好的陪伴。

追梦远航，脚踏坚定的步伐

大二的陈熠舟怀揣梦想和热情积极投身于公益活动中，为了能更高效地关怀更多的孩子，她在不断实践中探究问题并寻求解决方法，最终明确让更多的孩子享受到优质教育资源这一思路，在这一思路的引领下，她带头组建了创业团队，开始研发在线智慧教育平台。

在学校的支持下，陈熠舟注册成立的教育公司获得3项国家专利，而在教育与精神的双重陪伴才能为更多的孩子编织美好未来的理念下，"智慧云"公益平台也应运而生。不仅如此，她还在校内建立在线勤工助学基地，为学校的贫困学子提供勤工助学岗位。

除了关怀留守儿童外，陈熠舟和团队积极投身于支教事业，在贵州遵义探索创建"智慧双师型"在线支教模式；次年，团队分别赴青海可可西里、青海果洛及南海三沙的学校，搭建在线支教基地，严峻的高原气候让身体接近极限的陈熠舟高烧不退，硬是咬牙坚持了 18 天，遇到困难，她都暗示自己：再坚持一下，说不定就有希望。

梦想成真，构建美好的未来

陈熠舟和团队用实际行动取得了"4 个实践基地，5 个试点地区"的成果，为孩童带去了优质公益教育，在线支教成为现实。未来，她也将不断续写梦想，继续助力偏远山区儿童实现教育梦，这便是她的梦想一点点"花开"的过程，对此她说："我们的梦虽然遥远，但是脚踏实地，终有一天会到达梦想的彼岸。"

【思考与讨论】

陈熠舟的创业事迹实现了哪些社会价值？结合本案例，分析哪些因素将有助于大学生创业成功。大学生公益创业的持久性和意义在哪里？您更倾向于商业创业还是公益创业，为什么？

6.1.1 大学生创业的时代背景

6.1.1.1 国内外创业教育现状

大学是培养和塑造人才的地方，创业型人才培养是国内外大学人才培养的重要方向，培养思路在很大程度上影响着大学生的创业之路。中西方的创新创业教育因政治制度、经济发展水平、社会文化环境、教育教学理念等方面的差异而各具特色，分别以不同的方式影响着大学生创业者的创业之路。理解和把握当代大学生创业的时代背景必须首先掌握国内外创新创业教育的现状。

（1）国外创业教育现状

联合国教科文组织在 1998 年巴黎召开的世界高等教育大会上发表的《21 世纪的高等教育：展望与行动世界宣言》中提出高等学校必须将创业技能和创业精神作为人才培养的重要目标和方向，进一步阐述和完善了"创业教育"的概念，指出培养的毕业生不仅仅是单一的求职者，而应是其未来工作岗位的创造者和开拓者，将创业教育提升至学术理论研究的高度，与传统的职业教育处于同等重要的地位。西方发达国家创新创业教育起步较早，已形成了比较完善的理论体系和培养模式，其认识到创业相较于就业更易激发创新，创业与创新结合能产生更大价值，更好地服务社会经济的发展。创业教育学家贝沙尔（Bechard）和图卢兹（Toulouse）对创业教育的定义是"这是一种教学模式，教育与创造每一个对于商业创造或者中小企业发展有兴趣的人"。美国学者柯林（Colin）和杰克（Jack）认为，创业教育是帮助个人具备认知商业机会能力的过程，并使其具备创业行动所需的洞察力、自信、知识与技能。当代管理研究学界的代表之一彼得·德鲁克（Peter F. Drucker）认为创新和创业教育不可分割，创业是一门学科，并且和其他学科一样可以通过学习获得，创业者的能力是在后天的环境中逐步形成的。其在《创新与企业家精神》一书中指出，创新是改变资源的产出，通过改变产品和服务，为客户提供价值和满意度。创新是一个经济或社会术语，创业是创新沉淀和发展的结果。哈佛大学的霍华德·史蒂文森（Howard H. Stevenson）教授认为，创业是不受当前资源条件的限制，将多种资源进行组合利用并创造价值的过程。尽管学界对创业教育的概念存在着诸多解释，但大体可以分为两个方向：一是认为创业教育是教会学生经商，培养学生创办公司的能力的结果导向型教育；二是认为创业教育是在创造教育和创新教育的基础上，着力培养学生的创业精神、创业意识和创业能力的教育。西方以美国为代表的创业人才培养模式较为典型，哈佛商学院的迈尔斯·梅斯（Myles Mace）教授于1947年为MBA学生开设的"新创企业管理课程"是创业教育课程开设的里程碑。美国的创业教育涵盖了中学、大学和在职教育等，形成了系统完整的教育体系。在美国大学的创业教育中，学校在传授学生专业知识、技能的同时，也要培养学生发现创业点子的能力，并结合政府优惠政策鼓励学生积极参与创业实践。美国大学的创业教育模式大致分为两种：一是以哈佛大学为代表的商学院模式。理论方面，在开设市场营销、公司理财等一系列创业课程的同时，通过设立创业教育研究基金、创办创业教育研究期刊等方式开展创业教育学术研究，吸引更多学者投入创业教育研究，使创业教育更具前瞻性；实践方面，学校积极与创业科技园区、企业合作，加强学生创业实践平台开发。二是以斯坦福大学为代表的理工科模式。文理科结合，教学科研相互促进，文化教育与职业教育并行。斯坦福大学注重学生科研能力与职业技能培养，将创业教育的理念渗透到学生的课程培养方案中，将学科基础教育与专业教育紧密结合，设立多门复合型跨学科课程，同时积极推动教学科研成果转化，打造产学研一体的创新创业教育体系，使学生全面了解整个创业计划转换的全部过程。

（2）中国创业教育现状

近年来，国家对高等学校创业型人才的培养十分重视，我国创业教育在国家政策的大力推动下发展迅速。2010年5月，《教育部关于大力推进高等学校创新创业教育和大学生自主创业工作的意见》（教办〔2010〕3号）中提出将创新创业教育有效纳入专业教育和文化素质教育教学计划和学分体系，建立多层次、立体化的创新创业教育课程体系。2012年8月《教育部办公厅关于印发〈普通本科学校创业教育教学基本要求（试行）〉的通知》（教高厅〔2012〕4号）明确提出把创业教育融入人才培养体系，贯穿人才培养全过程，面向全体学生广泛、系统开展。要求各高校结合学校办学定位、人才培养规模和办学特色，适应学生发展特别是学生创业需求，分类开展创业教育教学，教学内容以教授创业知识为基础，以锻炼创业能力为关键，以培养创业精神为核心。2015年5月《国务院办公厅关于深化高等学校创新创业教育改革的实施意见》（国办发〔2015〕36号）指出全面贯彻党的教育方针，落实立德树人根本任务，坚持创新引领创业、创业带动就业，主动适应经济发展新常态，以推进素质教育为主题，以提高人才培养质量为核心，以创新人才培养机制为重点，以完善条件和政策保障为支撑，促进高等教育与科技、经济、社会紧密结合，加快培养规模宏大、富有创新精神、勇于投身实践的创新创业人才队伍，不断提高高等教育对稳增长、促改革、调结构、惠民生的贡献度，为建设创新型国家、实现"两个一百年"奋斗目标和中华民族伟大复兴的中国梦提供强大的人才智力支撑。我国的创业教育绝大多数都是与创新教育结合在一起的，学界对于创业教育的认识是比较一致的，有学者认为创新创业教育即大学生主体意识、团队理念和创新精神的教育，创新创业不分家。也有学者认为高校创新创业人才培养除了做好课程、师资、平台外，应充分关注学生的主体性和自我发展，通过强化实践提升学生创新创业能力。我国的创业教育可以理解为在理论文化基础教育和职业技术教育基础上进行的以开发和提升大学生创业实践基本素质为目的，通过创业教育，培养大学生从事创业实践活动所必须具备的知识、能力和心理品质等的教育。1998 年清华大学第一次以竞赛的形式将创业教育引入国内，联合其他高校成功举办了第一届"清华创业计划"大赛。近年来，我国高校积极推动创新创业教育的实施，整合校内外资源，调整培养方案，创业教育逐渐成为包括国内各重点高校学生在内的全面教育活动。我国创新创业教育模式大体可分为 4 种：素朴模式、商学院模式、广谱式模式和创业型大学模式。素朴模式即通过举办创业竞赛来进行培养。商学院模式即通过商学院（管理学院）内部创业学科的发展来制定人才培养计划，在本科阶段设立"创业管理"方向专业，同时与国外多所院校达成合作，开创中外合作培养创业人才的模式。广谱式模式即以全体学生为对象，全面开展创业教育，重在培养学生的企业家精神和创业思维能力。创业型大学模式即为有创业想法的学生提供市场资讯、创业点子、创业指导和创业技能培训的教育模式。与此同时，国家通过举办各类全国大型创业大赛，如中国"互联网＋""创青春""挑战杯"等大学生创新创业大赛，激发和培养大学生创业热情和能力，用市场的眼光指导和评判大学生创业项目，加速推进大学生创业项目的成长发展。我国创业教育的开展是服务国家发展的战略性举措，是深化我国高等教育教学改革、提升人才培养质量、促进大学生全面发展的重要路径，是落实以创业带动就业，促进高校大学生高质量充分就业的重要举措。

6.1.1.2　大学生创业的国内背景

中国从改革开放至今，创业浪潮此起彼伏，总的来说出现了三拨大规模的创业潮。第一拨浪潮出现在 20 世纪 80 年代初，在国民经济发展长期停滞，大量知青返城的大背景下，创业者主要来自社会中相对边缘和不被重视的群体，他们普遍社会地位较低，创业出发点即谋生，被社会赋予"个体户"称号。第二拨浪潮出现在 20 世纪 80 年代末 90 年代初，在中国改革开放总设计师邓小平南行讲话进一步推进对外开放的背景下，中国再次掀起了一股经商潮，其中最为突出的现象是出现了大量走出体制下海经商的创业者，创业为发家致富，大大活跃了市场经济，发展了民营经济，涌现了一大批优秀的企业家，如潘石屹、王健林、郭广昌、冯仑、柳传志、俞敏洪等业界领袖人物。第三拨浪潮出现在 2000 年前后，主要得益于互联网技术的发展，信息分享，各行各业的合作与联系越发频繁，涌现出一批又一批平台型创业者，为市场需求搭建各类商业平台，不断影响消费者的消费习惯和理念，推动中国社会逐步迈入互联网时代，出现了一大批以互联网技术为依托的创新型公司，最为典型的就是阿里巴巴、腾讯和百度，包括之后的京东、美团、滴滴等优秀互联网企业，诞生了马云、马化腾、李彦宏、王兴、程维等一批互联网新贵创业者。第四拨浪潮即将来临。随着互联网时代的到来，互联网技术的进一步完善，物联网、大数据、人工智能、5G、区块链等一系列新技术的发展，科技驱动创业的趋势越发明显，越来越多的公司更加注重原生内容的开发，以科技和知识为支撑的创业项目将会是第四拨创业者的核心竞争力。同时伴随着"互联网＋"思维的深入人心，各行各业会衍生出更多的商业模式和工作模式，比如远程办公、灵活办公等都将会进一步提升劳动者工作效率，预留给劳动者更多的自由时间，促进更多市场需求的产生，从而进一步推动全民创业浪潮的形成。其中大学生这部分有知识的青年群体将成为此次创业浪潮的重要人群。当代大学生创业的时代背景主要体现在以下几个方面。

（1）建设创新型国家，实现经济高质量发展的需要

2017 年，十九大报告指出我国经济已由高速增长阶段转向高质量发展阶段，国家经济发展正处在转变发展方式、优化经济结构、转换增长动力的攻关期，国家在此阶段将快

速推进创新型国家建设，支持传统产业优化升级，推动互联网、大数据、人工智能和实体经济深度融合，促进我国产业迈向全球价值链中高端。同时坚持去产能、去库存、去杠杆、降成本、补短板，激发和保护企业家精神，鼓励更多社会主体投身创新创业，培养造就一大批具有国际水平的知识型、技能型、创新型劳动者大军，倡导创新文化，推进产学研深度融合的技术创新体系，加强对中小企业创新的支持，促进科技成果转化。要想实现报告中提及的建设创新型国家的目标，进一步激活市场经济，实现经济结构的优化，制造一批新的经济增长点，青年劳动者，尤其是青年大学生是重要力量。大学生创业者具备丰富的理论知识和技术，眼界比较开阔，学习能力强，有热情和动力，易于接受新事物和适应新环境，这个时代赋予了大学生创业者众多机遇。

（2）"互联网+"技术催生出新业态

"互联网+"技术使得各类传统行业与互联网深度融合产生了新业态。现如今，制造业、媒体、通信、医疗、教育、零售、农业、保险等几乎所有的传统行业均与互联网联系紧密，使得各行各业都发生着巨大的变化，衍生出物联网、区块链、5G、人工智能等新技术，产生了如新零售、新媒体、幕课等一系列新业态，影响着广大消费者的观念和习惯。随着互联网技术的进一步发展，进一步强化资金流、信息流、物流的整合，将会形成更大更广阔的平台，产生新的应用模式，促使产业与服务加速转型升级，给各行各业带来创新与发展的巨大机会，形成新的商机。这将为劳动者参与创新创业提供更大的空间，带来了更多的升级换代和颠覆性改变的可能。在这种时代背景的普遍影响下，将会有越来越多有能力和想法的大学生加入创业大军，他们也更容易在这个时代下创造属于自己的一片天地。

（3）各高校高度重视并积极推进双创工作

近年来，国家高度重视大学生创新创业教育工作，十九大报告明确指出创新是引领发展的第一动力，加强国家创新体系建设，加快建设创新型国家。国家将进一步激发和保护企业家精神，鼓励更多社会主体投身创新创业，同时大规模开展职业技能培训，注重解决结构性就业矛盾，鼓励创业带动就业。创新型国家建设的核心在于创新创业人才，各高校作为国家人才培养的前沿阵地，对学生创新精神、创业意识和创业能力的培养将大大提升学生创业热情和信心，在一定程度上提升大学生创业成功率。2015年，《国务院关于大力推进大众创业万众创新若干政策措施的意见》（国发〔2015〕32号）和《国务院办公厅关于深化高等学校创新创业教育改革的实施意见》（国办发〔2015〕36号）发布以来，各高校积极开展创新创业人才培养工作，取得了显著成效，自主创业人数不断增多。因找不到工作而创业的毕业生越来越少，多为主动型创业，大学生创业者抓住市场机遇的能力越来越强。政府及各高校为大学生创业者在大学期间提供创业大赛、孵化园、专家导师、创业启动经费、政策指导等一系列服务，为青年创客提供了资源对接与交流平台，大大加深了大学生创业者对创业的认识，提升了大学生创业能力，为学生参与创业解决了后顾之忧。

（4）解决大学生就业压力，促进大学生积极就业的需要

在我国深化改革的过程中，学生就业成为政府、社会、高校关注的焦点问题，当下毕业生"慢就业"态势有所抬头，实施更积极的就业政策，加大创新创业人才培养力度，以就带创，以创促就显得尤为重要。加强创新创业人才培养不仅能更好地推动学生就业，更能培养广大青年学生的创新精神和创业意识，大力提升我国青年综合素质，这对于国家发展大有裨益。我国大学毕业生人数逐年增加，经济转型期间就业岗位并未出现同等水平的

增加，高校大学生就业率低、就业难的问题日益突出。在这样的大背景下，给予大学生创业以政策支持，培养大学生创业不仅能提升其就业能力，更能助力其走上创业之路，带动其他大学生一起积极参与就业，大学生创业将会是一条有效带动大学生就业的全新之路。党的十九大报告指出要注重解决结构性就业矛盾，鼓励创业带动就业，提供全方位公共就业服务，促进高校毕业生等青年群体多渠道就业创业，这意味着在未来大学生就业过程中，大学生自主创业将会得到国家政策的积极保障和政府的大力支持。面对当前严峻的就业压力与形势，各高校在学生创新创业教育和创业人才培养模式的改革上积极探索，提出了许多行之有效的方案，采取了一系列实招激发学生创业热情，培养其创新精神、创业意识和创业能力。但就目前我国大学生创业的情况来看，学生的创业激情还没有被完全激发，高校对在校大学生及其创业校友的持续支持力度还不够。作为国家人才培养的第一线，高校必将顺应新时代发展需要，加大力度培养大学生的创业意识，提升大学生的创业实践能力，使学生由被动就业向自主创业转变，并助力和扶持学生创业，带动大学生就业，有效缓解当前严峻的就业压力，促进社会和经济的和谐稳定发展。

6.1.1.3　创新创业重点政策概览

国家及各省市针对大学生创新创业颁布了一系列政策文件，现将部分重点政策文件列举如下，方便大家从政策的角度了解创新创业的背景，同时了解针对大学生创业的一些重点优惠政策，为大学生将来开展创业活动明确方向。

（1）国务院颁布的重点文件有：《国务院关于大力推进大众创业万众创新若干政策措施的意见》《国务院关于进一步做好新形势下就业创业工作的意见》《国务院办公厅关于深化高等学校创新创业教育改革的实施意见》《国务院办公厅关于发展众创空间推进大众创新创业的指导意见》《国务院办公厅关于做好 2014 年全国普通高等学校毕业生就业创业工作的通知》《国务院关于推动创新创业高质量发展　打造"双创"升级版的意见》等。

（2）教育部等部委颁布的重点文件有：《教育部关于大力推进高等学校创新创业教育和大学生自主创业工作的意见》《教育部办公厅关于开展全国普通高校毕业生精准就业服务工作的通知》《教育部关于做好 2019 届全国普通高等学校毕业生就业创业工作的通知》《教育部关于印发刘延东、马凯副总理在全国普通高等学校毕业生就业创业工作电视电话会议上的讲话的通知》《人力资源社会保障部等九部门关于实施大学生创业引领计划的通知》《人力资源社会保障部关于做好 2018 年全国高校毕业生就业创业工作的通知》《"大众创业 万众创新"税收优惠政策指引》等。

（3）各省市、各地区根据国家颁布的政策同时结合本地区的实际情况也颁布了许多政策，包含了很多对大学生创业的支持措施，下面列举一些典型的政策支持措施，供大家参考。其中推动高校创新创业教育发展的政策措施主要体现在：鼓励各高校普及创新创业教育，健全创新创业课程体系，把创新创业课程纳入国民教育体系，促进专业教育与创新创业教育有机融合；强化创新创业实践，大力发展创新工场、车库咖啡等新型孵化器，加快建设校内外创业孵化基地，做大做强众创空间，为学生创业者提供低成本、便利化、全要素、开放式的创新创业教育实践平台；支持举办创业训练营、创新创业大赛、创新创业讲座等活动，搭建校园创业者交流平台，营造良好的创新创业氛围；努力提升创新创业服务水平，切实做到"机构、人员、场地、经费"四到位，配齐创新创业师资，定期开展创业培训，提供创业教育、创业实训、创业孵化一条龙服务；落实完善创新创业优惠政策，深入实施"大学生创业引领计划"，增强大学生的创业意识和创业能力。大学生创业的政策红利主要体现在：

① 对高校毕业生初创企业，可按照行业特点，合理设置资金、人员等准入条件，并允许注册资金分期到位。允许高校毕业生按照法律法规规定的条件、程序和合同约定，将家庭住所、租借房、临时商业用房等作为创业经营场所。

② 对应届及毕业 2 年以内的高校毕业生从事个体经营的，自其在工商部门首次注册登记之日起 3 年内，免收登记类和证照类等有关行政事业性收费。

③ 登记求职的高校毕业生从事个体经营，自筹资金不足的，可按规定申请小额担保贷款，从事微利项目的，可按规定享受贴息扶持。

④ 对合伙经营和组织起来就业的，贷款规模可适当扩大。如为进一步促进创业资金聚合，金融机构向小微企业、个体工商户贷款利息免征增值税的单户授信额度，已由 10 万元扩大到 1 000 万元；金融机构与小型微型企业签订借款合同免征印花税。

⑤ 高校毕业生自主创业将根据具体情况享受税收优惠，如小型微利企业所得税减半，征税范围已由年应纳税所得额 30 万元以下逐步扩大到 300 万元以下，增值税起征点已从月销售额 3 万元提高到 10 万元，高校毕业生等重点群体创业就业政策已"提标扩围"，并将建档立卡贫困人口纳入了政策范围。

⑥ 省级教育行政部门将与有关部门协调配合，积极争取当地政府和社会支持，积极开展创业培训，整合各方面资源，把成熟的创业培训项目引入高校，并探索、开发适合我国大学生创业的培训项目，同时通过财政和社会两条渠道设立"高校毕业生创业资金""天使基金"等资助项目，重点扶持大学生创业。

⑦ 高校会通过多种渠道筹集资金，设立大学生创业扶持资金，并依托大学科技园、创业基地、各种科研平台及其他科技园区等，为大学生创业提供创业专用场地（配备必要的公共设备和设施，为大学生创业企业提供至少 12 个月的房租减免）、资金、实训、法律、工商、税务、财务、人事代理、管理咨询、项目推荐、项目融资等多方面的创业咨询和服务。

⑧ 省级教育行政部门和高等学校将积极广泛开展创新创业教育和大学生自主创业的宣传，通过报刊、广播、电视、网络等媒体，积极宣传国家和地方促进创业的政策、措施，宣传毕业生自主创业的先进典型，加大对优秀大学生创业项目的宣传和推广。

6.1.2 正确认识大学生创业

6.1.2.1 大学生创业的内涵

创业是创业者通过整合资源，分析国家、社会、市场具体情况，最终针对某一行业，开创出一种全新的商业模式或产品，从而满足消费者需求，创造出更大经济或社会价值的过程。创业是一种需要创业者充分发挥组织协调和逻辑思考能力，运用运营管理知识，推进特定组织向前发展的行为。关于创业的定义，目前在国内外的理论界也未形成统一的意见。根据杰夫里·提蒙斯（Jeffry A. Timmons）所著的创业教育领域的经典教科书《创业创造》（*New Venture Creation*）的定义：创业是一种思考、推理结合运气的行为方式，它为运气带来的机会所驱动，需要在方法上全盘考虑并拥有和谐的领导能力。科尔（Cole）提出，把创业定义为：发起、维持和发展以利润为导向的企业的有目的性的行为。熊彼特（Joseph A. Schumpeter）认为，创业是实现企业组织的新组合，即新产品、新市场、新服务、新生产过程或原材料、新生产方法和新的组织形式。斯蒂文森（Howard H. Stevenson）认为，创业是创业者不拘泥于当时掌握资源的限制而追踪和捕获机会的过程。目前国内学者对创业的主流理解是创业即创业者通过发现和识别商业机会，组织各类资源创造出新产品和服务，从而创造价值的过程。大学生创业脱离不了创业的内涵，属于一种就业形式。相对于传统意义上的大学生就业来说，大学生选择创业这种就业方式要求其具备较强的综合实力、灵活性、眼光、管理能力和决策能力。创业者的成长速度一定远远大于普通就业人员，其中的收益和风险也大不相同。大学生创业者不是被动地等待岗位信息和就业机会，不是关注和衡量薪资并与雇主讨价还价，而是主动为自己和他人创造就业机会，依托自身实力获得社会认可，为自己打工，力争获取较高收益。总的说来，大学生创业的内涵可以概括总结为以下几点：创业的主体是青年大学生；创业的关键因素是自身所学专业技能和市场机会；创业的特点是高风险、高收益；创业的直接目标是解决自身就业问题，增加财富，提升生活质量，寻觅一种新的生活方式；创业的终极目标是实现人生追求，创造更大商业和社会价值，造福社会；创业是一个全新的创造性过程，具有较强的创新性。

6.1.2.2 大学生创业的现状

大学生创业可大致分为两个层次：一是在校大学生创业，二是毕业大学生创业。

（1）在校大学生创业

各高校开展创新创业教育除了设置专业课程，开展基础创业理论教学活动之外，更多的是引导大学生积极主动参与到创业实践活动中去。目前高校内可开展的创业实践教育活动主要包括各类创新创业大赛、各类优秀创业团队申报、国家级大学生创新创业训练计划项目立项、创业实训营、组织对创业感兴趣的学生去优质创业公司参观考察实习、参与创新创业科研项目的研究、搭建大学生创业模拟实训平台或实验室、建设大学生创业园和众创空间等。当下在各高校创业学生中影响力最大、推广范围最广的创业实践活动当属中国"互联网+"大学生创新创业大赛和"挑战杯"大学生创业大赛。在校大学生创业能力的培养和锻炼主要通过参加各种大赛和各类校内活动来实现。虽参与人数较多，但是与市场真实创业环境差距较大，易导致大学生创业出现纸上谈兵的现象，尤其是一些在学生时代获奖无数的项目，容易产生成功假象，一进市场就会问题频发、状况不断。另外，有相当比例的学生参与此类创业教育实践活动的目的性很强，主要为了获得学分和评比奖、助学金，从而导致大学生中真正选择创业的人数比例较低，多数学生对于创业持观望态度，心中有热情和冲动，希望尝试，但是真正着手落实的比较少。在校大学生的创业主要以尝试体验为主，学校为学生保驾护航，可以说大学期间参与创业实践几乎是无成本的，同时还有助于同学们更好得认识自己，这将大大促进大学生提升就业技能，做好自身的职业规划。

（2）毕业大学生创业

创业的火种在学生心中种下以后，毕业后创业的可能性是比较大的。2015年政府提出"大众创业、万众创新"的号召以来，毕业后自主创业的大学生越来越多，比例越来越高，绝大多数是工作3~5年以后，基于对行业的了解和自我更全面的认识才开始创业，少部分是毕业就创业。二者相比，前者的风险性较低，成功率更高一些。这类创业者多数自身综合实力很强，并非在校期间不优秀、不突出，找不到工作。相反，他们的组织协调能力很强，在校期间往往表现优秀，接受新事物的能力强，同时不安于现状，不拘泥于传统思维和想法，对于行业有自己的认识和理解，希望追求财富自由，享受人生。这类创业者选择创业的地区大部分集中在北京、上海、深圳等特大型城市，少数是回家乡创业；创业的行业多数是依托于互联网技术的新兴行业，做平台和做新概念的项目居多，做实体的相对较少。这类创业项目的特点主要是商业模式和思维模式的创新，起步成本较低，主要投入在于人力和场地，这也符合毕业青年大学生有想法、有能力、有知识，但是缺乏经验和社会资源的特点。大学生创业项目目前有个比较突出的问题在于，很多大学创业者比较急功近利，希望一夜成名，大家追求的是速度，是效率，是融资，对于项目本身的发展考虑得不全面，希望套现的趋势比较明显。建议青年大学生选择创业一定先认清自己，一是自己的能力和专业技能，是否和自己创业的项目对口；二是自己的家庭背景和经济实力，是否能承担创业不顺利的后果；三是认真分析自己的创业项目所处的行业，是否有市场需求和空间，是否处于朝阳行业，做好竞品分析，研究清楚竞争对手的情况；四是一定要充满信心，肯于钻研，勇于吃苦，踏实做事，不要太急躁、太功利，深耕项目，认真经营产品，善于管理团队。大学生创业者一定要不忘初心、牢记使命，认识到自己身上肩负着国家和社会的希望，要有社会责任感，一定不要被现实和利益蒙蔽双眼，坚守底线，创出青春，创出价值，创出尊重，创出精彩。

6.1.2.3　大学生创业的优势和劣势

（1）大学生创业的优势

① 知识体系完备眼界开阔　大学生是一个接受过系统的高等教育，具有专业知识的群体，他们享受国家很多资源，社会认可度和地位比较高，眼界比较开阔，易于将理论知识和实践情况相结合，尤其是工科学生和艺术类学生。从当下创业的实际情况来看，知识成果转化、产学研一体的创业项目，也就是有技术壁垒，以技术为驱动的创业项目容易取得资本的青睐，这些项目多数都是大学生创业者才能驾驭的。美团的创始人王兴是学电子工程的，聚美优品的创始人陈欧是学计算机专业的，他们的专业都属于理工技术类专业。他们就是成功将所学专业技术和市场需求结合起来，从而开拓了市场，赢得了用户，是比较典型的依托技术起家的成功青年创业者。

② 思维活跃创新能力强　大学生因受过良好的教育，眼界比较开阔，又正好处于好奇心比较强的时期，愿意接纳新事物，容易吸收新观点，思维活跃，灵活变通。创业最需要的就是要有创新精神和能力，脑子活而不乱是创业者必须具备的素质。滴滴出行的创始人程维就是一个很典型的例子，他从学校毕业以后一直在互联网行业发展，在积累了市场和营销的丰富经验后，得益于自身强大的创新创业能力，依托于一定的行业积累和眼界，发现了出租行业的商机，跟随自己坚定的创业之心，开创性地创办了滴滴模式，获得了巨大的商业成功。

③ 精力充沛充满激情　大学生创业者的年龄集中在 $20 \sim 35$ 岁，年轻、精力充沛是大学生创业者最为突出的创业优势。创业本来也是一项体力活儿，需要很强身体素质的支撑。大学生正是刚踏入社会的青年，身强力壮，同时对未来充满希望，渴望在社会中奋斗出自己的一片天地，因此其在创业过程中充满朝气，个性显著，不畏艰险和权贵，敢想敢干，这是创业者必须具备的品质。

④ 创业负担较小　大学生创业者一般原生家庭条件不会特别差，且这个阶段的大学生一般都没有成家，承受的家庭负担比较小，很多大学生创业者的家庭还能给予一些资金或社会资源方面的支持，大学生创业者能将精力完全集中到创业中去。

⑤ 易于组建创业团队　大学生创业者在大学期间有固定的朋友圈，能结交到一批志同道合的朋友。大家相互了解、志趣相投，对于事情的看法比较一致，能够同甘共苦，分配好利益，这些对于创业团队的管理来说尤为重要。这些重要的人脉资源将是组建创业团队的最佳人选，有助于大家齐心协力向共同目标奋进。很多大学生创业者的合伙人都是自己的大学同学。现在正在飞速发展的"轻课"创业项目的创始合伙人全是校友，相互都是大学期间关系很好的师兄弟，公司从2013年成立以来发展迅速的一个重要原因就是这个团队的战斗力和凝聚力很强。

⑥ 易于得到国家和社会支持　为鼓励大学生自主创业，推动创业带动就业，政府出台了一系列支持大学生创业的政策，对大学生创业群体进行重点扶持。另外社会对大学生创业逐步认同和支持，高校也为大学生创业提供平台和资源支持，可以说在当下经济转型的新时代历史背景下，大学生创业将迎来最佳时期。自从2015年政府提出"大众创业，万众创新"以来，在国家和社会的大力支持下，涌现出一大批大学生创业者和创业项目，很多比较优质的项目比历史上任何时候都更易于拿到资金和获得资源渠道方面的支持。

（2）大学生创业的劣势

① 心智尚未完全成熟　大学生毕竟刚刚进入社会，年龄不大，对于很多事情容易盲目乐观，期待很高，吃苦耐劳的精神有待提升，对于困难的承受力较弱，遇到挫折和问题的时候容易产生回避和退缩心理，最后导致放弃。同时缺乏持之以恒的精神，容易浮躁，急功近利，对于行业和竞争对手的了解不够清晰，从而导致创业过程中很多决策和行动容易冒进。

② 创业实操能力亟待提升　大学生虽然掌握一定的理论知识，但是十分缺乏实践经历和经营管理经验，甚至在校期间了解到的课本知识有些脱离实际。创业不是纸上谈兵，需要处理的问题涉及财务、人力资源管理、市场拓展、渠道维护等多个方面，能力不济会严重影响大学生创业者工作的正常开展。

③ 缺乏创业资金和社会资源　大学生创业普遍的问题是没有积累，一方面是原始启动资金的积累，另一方面是社会资源关系的积累，加上缺乏职场经验和商业信用，在开拓市场、发展渠道的过程中会遇到很多困难，这也是导致大学生创业之路比较艰辛的重要因素。商业社会更多的是锦上添花，而不是雪中送炭。

④ 缺乏对创业形势和政策的了解和把控　虽然国家政策大力支持大学生自主创业，但是一方面受制于大学生本身掌握社会资源和信息量有限，另一方面大学生创业者对于政策的关注度和理解程度较低，导致其在推进业务的过程中因为完全不了解行业内的政策规定，要么多走很多弯路，要么就是走进死胡同。缺乏对创业形势和政策的掌握，会使得部分大学生创业者在没有完全把握社会环境复杂性的情况下盲目推进项目，给自身带来了不必要的经济损失和身心伤害，进而严重地打击自主创业的信心。

6.1.2.4　大学生创业的意义

大学生创业者是青年大学生中最具首创精神、冒险精神、独立工作能力、社交和管理能力的群体，在人生正青春的时候就敢于凭一己之力独闯社会，开创新事业，这种精神，以及随着经历的不断丰富而带来的能力提升将会成为大学生创业者一生的财富。大学生创业的意义大致可以分为以下几点。

（1）有助于提升大学生就业能力，进而解决更多大学生就业难问题

大学生参与创业有助于其更好地做好职业规划，做好自我定位，培养和锻炼发现问题

和解决问题的能力，练就强大的心态与协调沟通能力，养成吃苦耐劳、永不放弃的品质，对自己充满信心。这些在创业过程中提升和练就的能力将有助于大学生就业能力的提升，助其就业。大学生创立的公司和企业招募的人才也多半是同龄人，这在一定程度上也解决了部分年轻群体的就业难问题。

（2）有助于大学生自我价值的实现

大学生通过自主创业，可以充分结合自身专业和兴趣，做自己喜欢的事，把自己的兴趣与职业紧密结合，这将大大提升大学生做事业的主动性和自觉性，在创业中实现自我价值。

（3）有助于大学生实现致富梦想，改变命运

创业是当下创业者想发家致富改变命运的一条捷径。目前单靠一份固定的职业，或者说是通过为企业打工不断升职加薪很难实现财富自由和人生处境的飞跃式发展。创业成功，财富、地位及其他一切成功人士的待遇都将被创业者获得并享受，综合来看，需要的时间成本也是最低的。目前，随着互联网技术的发展，越来越多年轻大学生借助自身的聪明才智，抓住时代机遇创业成功，在社会上造成重大影响，导致大学生的就业观念正在悄然地发生改变，一个鼓励创业、保护创业、崇拜创业的大环境正在逐步形成。

（4）有助于促进中小微企业的快速发展

大学生所创立的公司和企业多半属于中小微企业，越来越多的大学生投入创业领域，将会使我国产生越来越多优质的中小微企业，从而进一步激活市场经济，获得更多国家政策的支持，反过来促进中小微企业的发展。

（5）有助于培养大学生形成优秀的生活和工作作风

大学生自主创业的过程中，一定伴随着困难和挫折，乃至失败，这些困境将在很大程度上培育自主创业大学生的意志和品格，使其勇于承担风险，自立自强，敢于吃苦，同时通过创业培养了自身独立意识、风险意识、拼搏精神和艰苦奋斗的作风。

（6）有助于培养大学生的创新精神

创新是一个民族的灵魂，是建设创新型国家必不可少的因素。青年大学生作为国家的希望，如果失去了创新的冲动和欲望，那么中华民族最终将失去发展的不竭动力。大学生参与创业活动，有助于培养其勇于开拓进取创新的精神，变压力为动力，为各行各业带来更多的优秀创业项目。

【案例分析】

创业失败到底是怎样的体验？

90 后创业者陈卓权的头衔是超能界的 CEO，顶峰时期获得过几千万元的风险投资，但仅在短短几年后，这样的辉煌就成了过去式。

2011 年陈卓权与几位浙大的学长联合创办了第一家公司，随后创业热情逐渐高涨，他立志要做出改变世界的产品，直到 2017 年初，他认定这个伟大产品便是 AR。他联合曾经的腾讯同事利用周末开发出了样品，市场验证超出预期，这个结果让陈卓权开始全职创业。同年，他靠这个样品拿到了天使轮的投资意向，便迅速招来志同道合者开始努力加班。一个月后，超能界 1.0 版本上线，以差异化来切入 AR 赛道，很快便在二次元群体中口碑传播。又过了半年，超能界成功走向 preA 轮，加快了迭代，也席卷了各大应用市场

的推荐和评奖。陈卓权本人也声名大噪，他事业在此时走上了顶峰。

而好景不长，到达 10 万活跃用户后，超能界因为技术能力受限，只能吸引低龄用户，无法扩大受众群体。但此时的他们所面临的更大挑战来自 A 轮融资的紧迫，由于增长曲线不够陡峭，产品形态单一等原因，之前有意向的投资方都变成了观望态度，直到年底，A 轮融资仍未完成，陈卓权也慢慢意识到公司的资金无法支撑到年后了，便拿出了所有积蓄，先发放员工工资及应付日常运营开销。

直到 2018 年的春节，超能界才艰难地完成 A 轮融资，但这却是更大挑战的开始。陈卓权为了能拿到更高估值，开发出社区形态的手机应用程序"闪光"，这一社区的建立终于使得他们的活跃用户数量突破瓶颈，开启 B 轮融资。同时，陈卓权建立了用户裂变的运营机制，这些举措使得公司再次引起风险投资圈的关注。

然而，陈卓权的致命决策就在这个时候出现了：一是追求高估值，拿到顶级风险投资；二是加大力度做市场推广。本来公司资金就不足，陈卓权又冒险追加了几百万的推广费。这样一来，资金不到位，技术跟不上，一系列连锁反应出现了：用户量激增导致服务器瘫痪；前端展示卡顿，最基础的浏览视频需求都无法满足；社区调性严重失控，大量不同画像的用户同时涌入，导致原有的核心用户大量流失等。

最终数据的下滑使得风险投资停止跟进，公司面临倒闭，团队从 30 人缩减至 10 人，办公室搬到仅几十平米的众创空间，陈卓权本打算转型做小程序用广告收入来维持团队，然而依旧没有经济收入，所以公司最后的自救行动也宣告失败了。

【思考与讨论】

1. 通过本案例，你如何认识和看待大学生创业，大学生创业该注意哪些细节？
2. 从陈卓权创业历程来看，你觉得公司迅猛发展和出现状况的核心原因分别是什么？
3. 当"闪光"app 出现的时候，如果你是 CEO，会做哪些决策，主要偏向于采取激进推广还是先稳住固有客户的战略？
4. 当公司出现资金短缺问题的时候，你作为 CEO 最有可能采取何种措施？若此时有人收购公司，你会如何决策？

6.1.3 大学生创业的准备

6.1.3.1 做好充分的思想准备

创业是一个复杂的过程，会经历很多的困难和挫折，最后的成功率和收益也是无法保障的，可以说大学生自主创业在一定程度上是一种高风险的就业方式，一定要做好充分的思想准备。创业很难一次成功，只有经历多次持续不断地尝试，不断地根据现实中出现的情况转换方向，成为一名持续创业者才有可能提升创业成功的概率。大学生创业者就是一批敢于挑战自我的精英群体，做出创业这个决定就注定走上了一条不平凡的人生之路，一定要对自己充满信心，攻坚克难，最终成就人生。

6.1.3.2 努力提升自身综合素质

大学生创业者是创业的主体，决定着项目的发展方向，是整个创业团队中的中坚力量。创业者在商业定位、公司组建、资源对接、市场开拓等一系列创业活动中都将起到至关重要的作用，其自身素质和能力是决定创业成败的关键因素。大学生创业者应在创业过程中不断提升自己获取商机、管理协调团队、对接整合资源、管控风险、展望未来、健康生活等方面的能力，为带领团队向前发展做好充足的准备。

6.1.3.3　做好清晰的创业规划和自我分析

大学生创业也是就业的一种形式，做好创业规划和自我分析实质上也是做好职业规划。创业规划指的是具体在哪个行业创业，做哪一方面的业务，这个方向跟自己的所学专业和兴趣爱好，以及自己创业的初心、想实现的理想是否契合？这个方向的市场情况如何，是否有做的空间等，这些都是创业者应该提前思考和调研的，一定要避免盲目创业和冒险创业，选择理性创业，做好创业框架设计，定好大方向，避免创业过程中犯一些低级的错误。因此提早去创业领域的优秀公司实习，积累社会经验是明晰方向、做好创业规划的一条捷径。

6.1.3.4　挖掘创业项目的独特性和创新性

由于大学生所处的人生阶段等各方面原因，本身的经济实力、对某类特定行业的了解程度和整合社会资源的能力相对比较薄弱，很难进行资源型创业、关系型创业和机会型创业，大学生创业的类型多数集中在技术型创业、商业型创业和服务型创业上。技术型创业即掌握了某类比较核心的技术，从而基于技术针对的特定用户衍生出特定的产品，最后生产销售产品开拓市场的创业模式，这类型的创业以工科学生为主，学历以博士居多。商业型创业指的是通过商业模式的创新，转变和升级营销策略来提升某种新产品的市场推广度，从而创立新消费习惯的创业活动。这类创业文科生参与比较多，现在市场上比较典型的案例就是瑞幸咖啡。服务型创业在操作模式上有点类似于商业型创业，指的是通过找到新的市场服务需求点，通过新颖的服务模式迅速开拓市场，获取客户群体的一种创业模式。像教育、翻译、培训等服务机构都属于这种类型，大学生在这一领域的创业以运营社群平台居多。因此，大学生创业项目一定要找准自己的点，明确创业项目属于什么类型，突出项目的独特性和创新性，这是以后公司发展安身立命的核心要素。

6.1.3.5　提前组建创业团队

大学生创业团队是保证创业项目或公司能够正常推进的基础。若是创业团队成员不齐心，目标方向不一致，关系不和睦，即便是再好的项目也没法获得成功。创业一定要寻觅志同道合、各有所长、性格相投、相互信任的人做合伙人，寻找创业合伙人是一项非常困难的工作。大学生创业团队的成员或多或少都有共同的经历，功利性和投机性的成分较少，但是人性会不断随着现实情况的发展发生变化，需要提前制订好规则，大家共同商议好方案。核心成员不宜太多，最好不超过 5 人，2 ~ 3 人为宜。只有创业团队稳定且强大，才能最终处理好创业公司与用户、投资人的关系，才能使公司正常向前发展。

6.1.3.6　提前联系创业导师

大学生创业者的社会经验和综合能力相对比较缺乏，做很多决策的时候往往只能看到表面现象而看不到深层次的逻辑，欠缺预知风险的能力，从而容易导致公司在发展过程中走很多不必要的弯路，甚至可能造成创业项目的停滞。因此大学生在创业初期有 1 ~ 2 个类似于公司顾问的实战型创业导师的指导很有必要，能起到为公司保驾护航的作用。与创业导师的联络和沟通一定要提早开展，建议从在校期间参与国家级或省部级创业大赛中接触过的专业评委，融资过程中接触的比较有情怀、愿意扶持大学生创业项目的投资人，以及创业经历经验丰富的前辈型创业者群体中确定创业导师。

6.1.3.7　尽早拟定融资方案

大学生创业公司在创业过程中最容易遇到的问题就是资金问题，多数都是通过融资才能渡过难关。任何一个优质的创业项目一定要有一套很缜密完善、极具说服力的融资方案。融资技巧是每一位大学生创业者的必备技能。大学生创业者一定要清楚项目如何挣钱，也就是盈利模式，以及这个创业项目能不能产生裂变式发展的效应。投资人都是逐利的，很多大学生创业项目点子很好，比较新颖，也有市场需求，数据不差，但投资人往往基于大学生年轻、无背景、不稳定等多种因素不予考虑支持，从而导致很多好项目都是因为资金链断裂而失败。有些项目其实并非特别优质，但是因为创业者有很优秀的融资方案和口才，数据呈现不错，项目融资过程十分顺利。

6.1.3.8 明确企业文化和社会责任

很多创业者认为企业文化的建立和社会责任的承担都是大公司、大企业需要考虑的问题，大学生创业项目都是中小微企业，首先应该考虑的是生存盈利的问题。确实如此，但是为什么希望大学生创业者提前思考这个问题呢？因为大家参考一些比较成功的大学生创业项目，比如西少爷、轻课等，都是有一套自己的文化体系和目标的。企业文化和社会责任听起来比较宏观，但它是一个公司乃至企业长足发展的精神依托。考虑企业的生存的同时应明晰和确立企业的文化和社会责任，二者相辅相成，企业发展越久，企业文化和社会责任的理念越深入人心，将会更加助力企业的发展。

【案例分析】

从大学生创业者到企业家

2014年8月，张晋帆怀着对未来的向往和憧憬从家乡甘肃到北京读大学，他完全不知道自己4年后会如何选择，会在国内读研究生，还是工作或出国留学。那时的他无论如何都想不到自己会在大学毕业时创业。张晋帆大三下学期开始正式创业，创立ibanker项目，旨在为金融机构、从业人员及普通投资者提供线上课程、线下活动、企业培训、业务资源对接等服务，同时为普通投资者用户提供专业化投资教育与金融类课程，帮助用户提高投资能力与资金使用效率。目前该项目用户规模超过120万人，学员覆盖国内80%的券商、基金、银行等从业人员，以及10万普通投资者。他带领该项目在一年内连续获得3轮融资，累计融资金额达数千万元人民币，获得中国"互联网＋"大学生创新创业大赛、全国财经类高校创新创业大赛等多项创业赛事奖项。张晋帆读书期间也曾被如何平衡学业与实习、如何规划人生、如何脱颖而出等问题困扰，但是他没有选择被动等待，而是主动出击，积极参与实习，他认为只有多做多干多接触，才能真正找准自己的努力方向，才能明白自己到底适合干什么。他大一下学期就开始频繁参与学校和学院组织举办的各类求职技能培训，认真修正自己的简历，大一暑期开始了自己的第一份翻译实习工作。接下来的一年时间，他都在忙着学业和实习，日程十分忙碌，共做过5份不同的实习工作，4份工作均属于金融行业。正是因为在证券公司的实习经历，他对金融圈的现状和从业人员的需求掌握得十分清楚，他第一次接触创业也正是来源于他实习期的领导。实习结束后，他准备了一年左右，主要做金融市场调研，组建创业团队，撰写商业计划书和融资计划书，做行业竞品分析，大三下学期正式开始创业。最开始，他带领团队通过参与创业大赛不断修正方案，调整方向，磨合团队，毕业后开始全职创业。在创业这几年里，焦虑和不安一直伴随着他，特别是项目发展到今天，他感到压力越来越大，宏观上需要考虑公司未来的发展方向、现金流情况，微观上需要管理公司具体运营、市场开拓等各个细分环节。他知道如果走错一步，小则浪费几个月时间，大则带偏公司发展方向。他需要对公司所有员工负责，需要对他们的未来职业发展和收入负责，也需要对投资人负责。他作为公司创始人，平时出差都是坐早上最早的飞机离开，坐晚上最晚的飞机当天回北京，一周工作7天，每天工作十几个小时。张晋帆坦言创业令他伤痕累累，他曾经历产品卖不出去、上不了线，用户增长慢，融资不顺等种种困境，基本上他把所有创业的困难都经历了一遍，但当他看到公司的员工越来越多，公司产品被越来越多的人使用，受到越来越多用户认可的时候，油然而生的成就感就是他坚持下去的动力。他觉得随着公司业务的发展壮大，人员管理、渠道拓展、客户维护等方面的压力不断变大，需要很强的抗压能力和应变处理能力。他认为目前国家和学校对于大学生创业者和学生参与创业实践是十分支持的，大学生创业迎来了好时代。

大学生创业一定是有准备的创业，大多也属于机会型的创业，ibanker 项目的启动和发展，源于金融行业这几年的飞速发展，金融培训对于行业从业者的吸引力大，有一定的市场基础。同时张晋帆具有较强的市场嗅觉，迅速抓住机遇，得到了许多的支持和帮助，在钱和人等因素都具备的条件下，促成了项目的成型和发展。从此案例可看出，大学生创业者想要成功创业，务必提前做好充足的准备：一是要做好选择，选择自己最有可能成功的道路，然后全身心投入；二是要提前做好市场调研分析，具有强大的抗压和适应能力；三是要有前辈或导师指点，尤其是要向实战型创业导师请教经验；四是要有执行力和自信；五是需要具备责任心，培养自己的人格魅力。从案例中可以看出，大学生积极参与社会实践，通过实习实践明晰方向，对于其创业来说也具有较强的必要性。

【本节重点】

理解并掌握当代大学生创业的时代背景，了解国内外创新创业教育的形势，掌握大学生成功创业的意义所在，为今后做好职业生涯规划和选择做好准备。

【思考题】

1. 大学生创业迎来了好时代，具体好在哪儿？
2. 大学生创业的成功率与高校创新创业教育有何联系？
3. 大学生创业成功和成功创业有何区别？

【练习与实践】

梳理你所在地区高校大学生创业典型，形成一份《××地区大学生创业典型案例集》。在这份案例集中，你至少应当列出每个典型案例的项目名称、所在高校、创始人信息、业务内容和成功因素5项内容。

6.2 大学生创业基本素质

大学生创业不是人人都能干且一干就能成功的事情，而是一件漫长的、需要耗费大量精力，同时需要天时地利人和各种因素推动才能有所斩获的事情。短短几年就能获得多轮融资上市的案例几乎是没有的。大学生创业是一群年轻人赌上前程命运，无所畏惧地开拓未知领域的事情，这条道路看似精彩，实则充满了太多的曲折和不可预见性，这必然对大学生创业者的素质和能力提出了很高的要求。因此，要想成为一名成功的大学生创业者，首先需要了解成功创业者需要具备哪些必备的素质和能力，需要拥有哪些不可或缺的精神要素。

6.2.1　大学生创业的必备素质

6.2.1.1　具备强烈的创业热情和自信

创业成功者身上有一个共同的特征就是对创业充满热情，对自己所做的事业信心百倍，对未来充满激情和希望。创业者只有一直拥有这种激情和自信，才能将事业坚持不懈地做下去，才能不断提升创业成功的可能性。创业者只有具有创业激情，才能在复杂的市场竞争环境下甘愿放弃稳定的工作，选择经历不确定性和各种考验，忍受艰辛，消耗精力去创办自己的公司，开拓自己的事业；只有对自己所从事的事业高度自信，坚信自己所确立的目标、理念和采用的方法，才能乐观面对困境，变压力为动力，提升解决问题的能力，保证事业的稳步前进。纵观海内外及古今中外的成功创业者，阿里巴巴的马云、腾讯的马化腾、百度的李彦宏、苹果的乔布斯、特斯拉的马斯克等，热情和自信是其必备的素质。即便他们现在已经是闻名世界的成功企业家了，但是从日常报道中可以看出他们身上一直还保持着创业的初心，一直都是激情洋溢并对自己的事业充满自信。大学生创业者一定要有热情和信心，不断培养自身的素质和能力，才能最终走上创业之路，成就自己。

6.2.1.2　具备快速处理风险、灵活应变的素质

大学生创业将会遇到各种各样的困境，因缺乏经验、资金和社会资源，在一定程度上将面临比社会创业者更多的挫折和困境。创业者不怕风险，重要的是如何应对和化解风险，因此预知风险，做好预案，同时具备快速处理风险、灵活应变的素质很重要。比如公司突然出现产品信任危机时，该如何做好危机公关？公司因开除不称职的员工被申诉至法院或劳动仲裁委员会时，该如何处理？公司的合作伙伴突然撤出，该如何平稳推进项目？……这些问题都是有可能突然出现并要求创业者在最短的时间内处理的。大学生创业者需要在日常的学习和工作中有意识地锻炼自己的应急处理能力，积累经验，甚至可以提前做好风险管理应急预案，比如预留一些应急资金，提前有意识、有针对性地储备好相关社会资源，维护好重点媒体，当风险出现或者还处于萌芽阶段时，凭借经验、理性分析、抓住重点，从而化解风险，并争取发现风险中蕴含的机遇。

6.2.1.3　具备强大的抗压力和忍耐力

大学生创业实际是在很年轻的阶段选择了不依赖已有的体系和固定的单位，凭借一己之力独当一面，承担风险和未来的不确定性，这需要创业者具备强大的抗压力和忍耐力。压力的产生往往源于未知和不确定性，困境产生却不知该采用何种方法何时能解决问题，或者是知道许多解决方案却不知该如何抉择，抑或是后果无法承担等。俗话说，创业是一条不归路，只有真正经历过创业的人才能懂得其中的苦与乐，创业者往往独自承担着公司发展方向的确定、盈利模式的设计、市场资源的开拓、客户的维护、资金链的保障、人员的招募等多方面事务所带来的压力，需要同时处理公司内部矛盾、市场竞争、顾客纠纷、工商税务法律等各类问题，这些事务及问题都是会持续不断地伴随着创业过程而发生的，如果创业者没有强大的抗压力和忍耐力，很难应对这种状况和局面。事物往往都具有两面性，一个创业项目的前景、市场反馈、团队的稳定性、融资的可行性都需要经过许多问题

来进行验证。创业者只有坦然面对压力，调节好自我，积极从容面对问题，分析原因，才能有针对性地调动资源解决问题，维护好自身及公司形象，才能化腐朽为神奇，在绝望中寻找希望，最后涅槃重生。经历过困境洗礼和考验后的公司及团队将会更加强大和稳固，反过来推动创业的发展。

6.2.1.4 具备独立思考处理问题的素养

大学生创业者是公司和团队的主心骨，关系创业项目乃至公司生死存亡的重大决策和问题都是需要创业者拿定主意的，创业者对公司和团队绝对负责。因此创业者必须走出依赖，完全依靠自己，具备独立思考处理问题的素养。这种素养主要表现为：一是独立决策。在确立创业项目和公司发展时，创业者一定要有自己的主张和想法，在结合大家的想法后最终拍板，敢于力排众议，在公司树立自己的威信和权威。二是独立行动。创业者明确自己的定位后，属于自己的事务绝不安排同事和下属处理，保持自己处理具体问题和安排事务的能力，避免行动受到他人影响甚至支配，坚决按照公司利益和自己的主张将公司决策贯彻落实到底。三是敢于打破固有思维模式。创业者一定要有不断创新的精神和素质，要有忧患意识。创业环境复杂多变，创业公司只有随着环境的变化不断进行调整和发展，才能获得生存空间，才不至于在残酷的市场竞争中被淘汰。创业者需要带领着团队不断突破固有模式，不断创新。

6.2.1.5 具备自我反思和法律素养

大学生创业者必须不断强化自己对所处行业的了解，掌握行业内的游戏规则，懂法律、守规矩、有底线。当今社会风气比较浮躁和功利，商业社会中尔虞我诈、相互打压、明争暗斗的现象比较多，大学生创业者身处这么一个社会环境中，多多少少会受到影响。有些时候对于一个自身难保的创业者来说，走捷径的吸引力是十分巨大的。大学生创业者作为创业者中知识水平、文化素养均比较高的创业群体，应该牢记自己的使命和应当肩负的社会责任，创业干事业一定要有底线意识，违法乱纪的事情一定不能触碰，一定要遵守行业规则，千万不要被利益蒙蔽双眼，为了追求一点儿蝇头小利破坏规矩。同时大学生创业者需要具备基本的法律素养，能够分辨是非，学会运用法律的武器来保护自己和公司。事实证明，只有脚踏实地干事业、安分守己按规矩办事、尊重游戏规则的创业者才能走得远。往往成功太早、太容易的创业者最后跌倒得也最重，很多失败案例的教训是惨痛的，有些甚至是无法弥补的。创业者在创业过程中一定要做到经常自我反思，这一素养决定了创业者能否通过反思过失和不足，总结成功经验，不断警醒自己，从而获得提升和成长，最终做好事业。

6.2.1.6 具备高水平道德素养

创业者的道德水平一定会体现在他的创业过程中，甚至影响创业公司的很多决策。道德素养高的创业者会让自己的合作伙伴放心，让客户舒心，让员工安心。道德素养与创业者能否将公司做好有着很大的关系。道德素养集中体现在诚信创业和责任创业。大学生创业者尤其需要具备高水平的道德素养，因为大学生步入社会时间不长，不应该被社会一些不良风气所影响，如果在这么年轻的阶段就被评价为不诚信和无责任感，会严重影响今后的发展。创业者诚信可靠，才能得到投资人、顾客、合伙人等商业伙伴的信任，维持良好的商业关系，才能不断地获得更多值得信任和依赖的社会资源。一旦出现信任危机，公司和企业的发展将受到严重影响。创业责任指的是创业者是否对自己的员工负责，是否会带领公司成长为一个主动承担社会责任的企业。责任感强的创业者会让创业团队上下齐心，愿意跟随其一起闯荡，有归属感，从而促使企业快速成长。同样，一个愿意承担社会责任的优质企业也更容易获得国家和社会的支持，促使企业更快地发展。因此，创业者高水平的道德素养是一种巨大的隐形财富，需要引起大学生创业者的高度重视。

【案例分析】

大学生创业者的必备素养

张智斐作为一名多次创业的大学生，对项目定位及运营模式把握得十分准确，掘金三板是他主导创建的一个平台，是一款专为新三板投资者、研究者及从业者提供全方位服务的产品。为用户提供全面的数据查询、研究资讯订阅、互动交流社区和股权众筹等服务，旨在吸引新三板的投资者、融资者，吸引大量的流量，然后通过股权融资来进行变现。该项目曾获首届中国"互联网＋"大学生创新创业大赛金奖。2015 年 3 月底，张智斐正式开始创业，4 月，他和另一位合伙人在校园咖啡屋探讨了一天，花了两天时间修正商业计划书，然后直接去见风投。一个月谈妥了 200 万的风投，估值做到了 2 000 万。5 月，成立了公司。6 月，掘金三板公众号上线。7 月，网站和手机软件 beta 版上线。8 月，获得了投资机构 8 000 万的融资。该项目在 2015 年的时候发展迅速。

这次创业是张智斐的第二次创业，他的第一次创业是在 2013 年。当时他做了一个经管类在线考研专业课辅导的项目，联系了北京大学、清华大学、中国人民大学、中央财经大学、对外经济贸易大学的很多朋友一起参与，主要分为课程研发团队和技术团队，研发团队专门做专业课的研发，技术团队做在线视频购买的网站。项目优势在于学生可以以很便宜的价格，听到所报考大学的专业课课程。虽然课程价格很便宜，但销量很大。培训项目运营了一段时间，他发现销量积累到一定程度之后就会发生转化效应，客户会要求一对一辅导，这就产生高净值了，咨询费达 200 ~ 300 元 / 小时，实现了流量变现。这个项目现金流非常好，每年赚几十万没有问题，但是这个项目有个壁垒在于很难做大。后来他一直坚持边创业边实习，直到 2015 年 3 月份抓住新三板这个热点创立了掘金三板。

张智斐认为，创业是一条无法后退的道路，有第一次就会有第二次，周而复始，一直循序往复往前走。总的来说，在创业中，郁闷的时间是占多数的，很多事情经常会搞得创业者不好受，比如同行业竞争者带来的竞争压力、人事招聘的压力、业务拓展的压力等，一天 24 小时创业者都要想着怎么处理这些问题。但当项目取得显著进展的时候，还是非常快乐的，可能时间非常短，但是对于创业者来说已经足够了。他从不后悔走上创业这条路，他觉得他的创业生活非常充实，非常值得。掘金三板一直发展比较好，但后来受到整个经济形势的影响，加上很多新概念的出现，导致新三板概念渐渐地步入红海市场，热度减低。公司在不断尝试转型，转变商业模式和业务板块。

从本案例可看出，大学生创业者想要成功创业，执行力强是必不可少的，一旦抓住了机遇，赶上了热点，就要快速落实执行，不然就很容易失去机会。大学期间你会发现很多同学想法很好、能力很强，但往往最后成功的并不是这些很有想法和看起来能力很强的人，而是那些敢于执行、勇于坚持的人。创业不在乎你是不是最优秀的，也不在乎你是不是那个资源最好的，但是你一定要敢干，这是前提。同时创业是非常系统的过程，包括确定方向、组建团队、寻找资金等，创业就是找好方向、找好人、找好资金，一起往前推的事业，创业者需要有比较好的资源整合能力。另外，大学生创业需要紧跟形势，能够抓住市场热点，张智斐的项目在 2015 年发展迅速的原因：一是国家提倡大众创业、万众创新，大力支持大学生创业；二是新三板概念很火。最后创业者所学专业与创业项目的关联度越高越好。张智斐的专业是金融，做的是互联网金融的项目，有助于其利用专业优势进行拓展，市场可信度高。

6.2.2 大学生创业的能力特征

6.2.2.1 强大的沟通交流和说服他人的能力

沟通交流能力包括语言表达能力、倾听能力、语言辨别能力、人际交往能力等多个方面。沟通交流能力是创业者理论知识水平、眼界、心胸、性格和品质的综合表现。对于大学生创业者来说，无论是项目商业计划书的阐释、创业团队成员的选拔招募、创业融资的路演，还是与投资人、用户、合作伙伴、竞争对手的较量，都需要强大的交流沟通能力。这项能力使其更加清晰地表达自身的观点，体现团队实力和项目前景。沟通能力是促进商业合作最直接也是最重要的方式，可以获取对方的信任和好感，传递和接收到有价值的信息，获取重要的资源。沟通能力中最为重要的是说服他人获取他人信任的能力。创业者的口才和人格魅力在创业过程中的作用是十分重大的，一个优秀的创业者一定能给人以信赖感，能清楚地解说创业项目亮点和发展前景，简明扼要地直入主题直击对方心理需求，有理有据地说服客户、投资人和合作伙伴。一个创业者可以通过其强大的沟通交流能力提升效率，推进项目进度，创造直接的经济效益，尤其是在吸引融资、整合资源、搭建平台、经营人脉这些关键环节，突出的沟通交流能力显得尤为重要。

6.2.2.2 快速灵活的创造性应变学习能力

大学生创业者的学习能力应该是比较优秀的，但一般的学习能力主要针对理论知识，而创业者需要具备的是快速灵活的创造性应变学习能力。这种学习能力指的是创业者在创业过程中，能够根据项目开展实际情况和行业发展趋势，重新学习和掌握具有创新性、独特性的知识、技能和概念，并最终能对其灵活运用，进一步带领团队推动创业项目的发展。这种学习能力对于创业者本身的素质和学习理解能力要求比较高，需要以最快的速度、最合适的方式、最高的效率最精准地掌握知识和技能的重点，然后指导实践，最理想的结果是为客户创造出新的价值，从而为公司的发展获取先机。创业如同战争一般，时间和精准性都很重要，只有快速占领高地，抢占市场资源，拓展客户群体，才能使公司的地位不断稳固并得以发展，贻误战机的结果可能会导致公司一蹶不振。比如做金融培训行业的创业者，当科创板概念出来的时候一定要及时了解掌握，判断趋势；互联网行业的创业者需要对区块链、物联网的技术和概念熟悉，探索更新颖和合适的应用场景；通信行业的创业者对 5G 技术一定得快速掌握，跟上趋势和政策。这项学习能力在很大程度上决定着创业项目的成败，对大学生创业者提出了很高的要求。

6.2.2.3 精准的分析判断和坚定的决断能力

精准的分析判断和坚定的决断能力对于创业者抓住机遇，推进项目有着十分重大的意义。优秀的创业者作为创业团队的核心，作为公司的主心骨，其作用很大程度体现在判断形势，对市场信息的强敏感度和筛选分析能力上。创业者一定要能够根据当下产品的市场反馈和用户消费习惯，根据新产生的一些技术和概念判断出行业将来的发展趋势，以及如何引导用户使用和接受新产品。也就是所谓的行业判断、消费习惯引导和渠道搭建，最终形成分析判断并制定公司下一步的发展规划方案。根据方案，召开内部会议形成意见，最后拍板定调。创业者定方向的时候一定是坚定的，有信心的，绝不能优柔寡断。这项能力对于创业公司顺应时代和行业发展趋势，高效快速地对固有模式进行调整改进，形成新决策和方案，拟定新目标和方向具有重要意义。它是创业公司生存发展的依托，是成功占领市场的一把利剑。

6.2.2.4　高效的团队领导力和执行力

创业公司的管理和运行、创业项目的推进都需要创始人对创业团队有领导号召力，从而可以促使创业团队更高效地执行公司决策。团队领导能力和执行力对于大学生创业公司来说尤为重要。大学生创业者多半是比较年轻的，往往会出现员工比老板年龄大的情况，这种人员结构会给团队的管理增加难度。创业公司创业者的人格魅力、领导能力及创业团队的执行力对于创业公司的发展起着重大的作用。创业者领导力强、有人格魅力的创业公司决策制定一般比较及时高效，团队凝聚力强，目标一致，整个公司氛围很好，员工愿意跟随创业者一道干事业；相反，则容易产生各自为政、相互猜忌怀疑、只为自己利益考虑的情况。决策再好，能否最终落实是关键。创业团队执行能力强会促使决策和方案能够尽快得到落实，创业项目的推进比较及时；反之，则行动较慢，贻误商机，痛失利益和发展契机。

6.2.2.5　掌握相对专业的财务和法律知识

创业公司的生存和发展，关键在于资金链不能断裂，现金流一切正常。资金链是创业者最关注的问题。较于成熟企业来说，创业公司融资难度较大，公司发展需要大量的资金支持，因此需要加强对现有资金的管理和使用。开源节流而不是大手笔花钱的能力是创业者必备能力之一。创业者一方面要学会找钱，另一方面需要学会管钱，做到对财务报告十分熟悉，不易被蒙蔽，学会资金管理、预决算制定、现金流监控等相对专业的财务技能，把控好公司发展的命脉。另外创业者需要强化风险意识，掌握一些重点的法律知识，学会利用法律保护公司，用法律解决问题。创业初期，公司很多方面都不完善，易于忽视风控这块业务，往往缺乏专业的法务人士为公司业务把关，这很容易被竞争对手或者一些不怀好意的人钻空子，最终导致风险不可控，影响公司的发展，造成很多不稳定因素。创业者必须有风险防控意识，学会在创业过程中用法律武器保护好公司和自己。创业者一旦掌握相对专业的财务和法律知识，就不易被忽悠和落入陷阱，学会自我保护对于创业企业来说很重要。

【案例分析】

刷马桶起家的保洁行业领军者

十年前，张松江大学毕业，眼看同学们都有了不错的职业，他却干起了刷马桶的工作；十年后，他独创"管家服务"闯出一片天地，在全国拥有了近百家连锁店。

张松江大学刚毕业之际与几个朋友一起凑了3.9万元加盟了一个美国品牌的保洁公司，随后参加培训、租办公司、招聘员工，创业热情十分高涨，然而几个年轻人的一番热情遭遇了惨淡的现实，他们到处吃闭门羹，两个月过去没有接到一单生意。但张松江并没有打退堂鼓，他坚持看好保洁行业的利润空间，他经过调研发现北京户内保洁没有特点也没有标准，于是他又用了 10 多天的时间完善商业计划书，找到 SOHO 现代城物业公司的经理，希望能有商机。最后张松江包揽了小区的保洁工作，并在现代城的地下室租下一间屋子开始二次创业。

创业辛苦也没有资金，他只能每天坐在地上吃 2.8 元一份的盒饭，然而更糟心的是他的商业计划方案得不到员工的认可，认为他太过于年轻。最后，张松江用实际行动向员工们证明了自己制定的刷马桶标准更加高效。慢慢的，他们标准化的家政服务模式建立起来后，张松江的家政公司很快在 SOHO 现代城树立了口碑，他们以"管家"为身份，根据客户的要求来进行服务，开拓新项目，如干洗衣物、皮革保养、换桶装水和插花，甚至预定机票等，远远超出了传统家政服务的范畴，也成为新的利润增长点。这个小区的成功让张松江以加盟连锁的方式把这种成功模式不断复制推广，很快，他拥有了近百家门店。

【思考与讨论】

1. 张松江的创业历程反映了成功创业者需要具备的哪些能力特征？
2. 通过阅读本案例，你觉得大学生想要创业成功需要提前做哪些准备？
3. 你觉得创业者想要成事需要具备哪些心理素质？
4. 若你是张松江，你认为公司 CEO 当下最需要考虑的是什么？你将如何带领公司向前发展？

6.2.3 大学生创业的精神要素

创业精神是创业的灵魂，准确来说创业精神就是敢于从 0 到 1 的开拓创新精神，不断持续创业的坚持不懈精神，创业伙伴相互扶持共进退的团队精神，勇于自己承担压力和风险的冒险精神，坚信自己创业之路的自信精神，为达目的一步一步推进业务的务实精神。大学生创业者的创业之路没有这些精神的支撑和陪伴是很难走下去的，创业精神是一种敢于突破现有模式和资源的限制，通过分析把握当前形势，顺应潮流地开展创新活动来创造机会、开拓市场、挖掘用户、打造平台，从而创造新资源、新价值的精神品质。创业者是一群靠创业精神支撑着的斗士，他们所做的是没有资源就创造资源，没有条件就创造条件，用现有的资源去创造和撬动更大资源的事业。大学生创业者应不断培养和提升自身创业精神，助力创业之路一切顺利。

6.2.3.1 开拓创新精神

大学生创业者首先需要具备的是开拓创新的精神，开拓创新要求创业者不拘泥于固有的模式，不安于现状，对于项目乃至行业发展不断提出新的想法，勇于尝试新东西，发展新方向。开拓创新精神是大学生创业者开创事业必备要素之一。美团的创始人王兴，一个计算机专业的博士，并未选择走传统路线，而是投身创业领域，从大学校园社交人人网到饭否网，再到后来专注于餐饮团购，创立美团。阿里巴巴的马云，语言专业，却选择在互联网领域创业，一个一开始完全不懂技术的创业者创立了规模宏大的科技互联网公司。因此，创业一定不能固化思维，敢于突破自己，善于创新，乐于创新，突破自己才得以实现飞跃式发展。

6.2.3.2　坚持不懈精神

成功创业者有一个共同的特征即具备坚持不懈的精神，只要是自己认定了的创业方向，就会以顽强的毅力坚持做下去，不畏艰险。创业初期，随着财富的不断积累，公司规模的不断扩大，市场占有率的不断提升，稳定成果、保障资金链和人员结构的正常状态成为创业者需要解决的重大问题。此时的创业者更需要一种坚韧，稳重的韧劲。创业并非易事，绝不是一朝一夕就能做好的事业，创业中会遇到各类问题，创业者千万不能急于求成，不能中途放弃，坚持就是胜利。只要大方向没问题，成功就是时间问题。成功创业者往往都是持续创业者，本来想做 A，结果做成了 B，最后成功的结果却成为了 C，这也是创业的魅力所在。创业过程伴随着苦与乐，惊喜与失望，只要坚持不懈地朝着创业者既定的目标做下去，就一定会有所收获，最终成就自己。

6.2.3.3　团队精神

团队精神集中体现为创业者要有大局意识、协作意识和服务意识。团队精神的核心在于创业团队成员间协同合作、各司其职，最好的状态是整个团队成员齐心协力、团结一致，具有很强的向心力和凝聚力，基本实现公司个人利益与集体利益的统一，从而保障创业项目的快速推进，公司业务的加速拓展。团队精神对于大学生创业者来说十分重要。大学生创业者处于需要资金、人脉大力扶持的阶段，往往这个阶段的经费都是比较紧张和欠缺的，如果创业团队不团结，很可能导致矛盾不断，从而严重影响创业公司的发展壮大。

6.2.3.4　冒险精神

创业往往是风险与机遇并存，很多时候风险更甚于机遇。创业过程中遭遇到风险和困境的比例要远远大于机遇，很多机遇都是隐藏在风险中的，这要求大学生创业者必须具备勇于冒险、敢于尝试、快速决策、当机立断的精神，及时处理风险，保障创业公司的正常运行。创业者一定要认识到创业需要冒险，需要胆量，市场上不会存在等着你去获取的商机和利润，创业者需要学会看准时机，大胆抓住机遇。如果一切都要等到评估风险后再决策行动，往往会失去很多机会。因此，敢于冒险、善于冒险的创业者往往更易获得成功。

6.2.3.5　自信精神

大学生创业者本来就比较年轻，容易在商业竞争中被人看轻，加上白手起家，没有资金，缺乏资源，没有用户，没有市场占有率，创业者只有靠着顽强的意志全力以赴打拼市场、建立渠道、抢占市场份额、获取市场认可，才能在强手如林的残酷市场竞争中打下一片天地，找到属于自己公司的位置。这些工作需要创业者对自己所从事的事业、确立的方向有足够的自信，坚信自己的创业之路能够有所斩获。创业不是短期的冲刺，而是一场拼耐力的马拉松，大学生创业者因为年轻，往往容易浮躁和心高气傲，缺乏耐性，遇到几次挫折和困境后就被打击了自信心，从而放弃创业，最终得到一个遗憾的结局。世界五百强企业沃尔玛，就是从乡村小店起步，经历了几代人的努力，大家坚定信心，坚守方向，最终造就了这么一个零售业巨头。自信精神对于大学生创业者来说至关重要，缺乏自信将会使创业者在公司遇到困难的时候迷茫和不知所措，只有对自己的创业之路充满自信，才能给予团队信心，最终助力公司成长。

6.2.3.6　务实精神

务实精神是做事业的根本，是创业公司成长发展的根基。大学生创业者一定要学会克服浮躁功利的心理，踏踏实实做产品，一步一个脚印地拓展渠道、发展用户，靠自己产品和服务的质量获得市场认可和信任，获得同行的尊重，从而赢得名利。当今社会，市场竞争中有很多潜规则和不光彩的竞争手段，比如买流量、虚假宣传、饥饿营销、雇水军诋毁竞争对手等。这些做法只是短暂和表面的，也许在短期内对创业公司业务的拓展有一定帮助，但是从长远来看，对创业公司产品和服务的品牌建设毫无益处，对公司形象危害很大。创业公司的核心竞争力在于产品和服务的质量，可以创新营销方式，但是对于产品和服务的质量问题一定要坚守工匠精神，踏实提升质量，从而获得客户对公司的认可。大学生创业者一定要学会抓住主要矛盾，认识到任何时候求真务实都是不会有错的，务实精神将助力创业者通过不断提升公司产品和服务的质量，提升品牌影响力，通过真正的实力获得市场和用户的认可和尊重，从而拓展市场占有率，实现利润快速增长，最终走出自己创业之路的精彩和辉煌。

【案例分析】

大学生创业不是去选择结果，而是去创造选项

　　肖逸群，优质英语学习社群"轻课"的创始人兼 CEO，连续创业者。毕业前曾多次创业，并于在校期间作为全球社会企业创业大赛（GSVC）中国赛区组委会品牌推广总监，策划并执行全国范围的活动推广工作。毕业后进入某金融机构，而后陆续参与多个创业项目，发起创立国内多个社群，拥有丰富的互联网运营推广经验。一个微信群，便将全国各地拥有相同属性的用户汇聚起来，共同聆听行业大咖和知名青年来分享他们的思想观点、经验技巧。微信群讲座平台的开创者，当属肖逸群的"思享空间"。自 2015 年创建以来，举办讲座近 400 场，创建微信群近 800 个，覆盖用户超 20 万人次，"思享空间"及下属频道号爆发式累积"粉丝"25 万多，获得百万级天使融资。

　　肖逸群的创业之路始于大学，在大学的时候，他就时不时用新媒体做点儿事情，尝试运营人人网、微博等平台上的一些官方账号。工作之后，他通过接一些平面设计、视频制作等外包项目继续开展业务，后来越做越发现市场缺乏一个有沉淀、有内容的分享平台。后来，他召集几个大学校友开始做一些有关校园主题的分享及行业聚会，分享内容以主题、行业、工作区域来进行细分，比如按行业划分的微信群有金融行业群、咨询行业群、教育行业群等，按工作区域划分的微信群有国贸群、中关村群、金融街群、望京群等。团队半年组织了 40 多场线下活动，最大的一场有 300 多人参加。这些经历为团队后来做产品积累了大量的实操经验。团队创业初衷就是希望汇聚最优质的微信群讲座资源，推广模式一是从校友及在校生中吸引流量，二是厚着脸皮在各个群推广讲座。他认为创业初期要把姿态放低，以务实做服务的思路全力推广项目。随着团队配合和推广模式的越来越成熟，推广逐渐体系化和流程化：先是编辑文章宣传课程，引导潜在客户报名；报名之后，安排分管微信小助手拉用户入群；建群之后，设置专人担任群主持人，组织嘉宾分享；分享结束后，通过定期向群内投放原创内容和精准信息开展社群维护。他们的用户想参加讲座，需要先转发讲座宣传链接到朋友圈后才能入群。针对那些不愿意转发讲座信息到朋友圈但又想参与讲座的用户，团队设置一项收费业务，即付费之后不用转发，就可以直接进入到嘉宾所在的主群参与讲座。随后，团队创立"轻课"这个产品，把之前的会员转为"轻课"学员，旨在将讲座标准化。"轻课"是一种沉淀平台，整合高质量讲座，提高讲座入群门槛，同时简化流程，提升内容的针对性。"轻课"取得现在的成绩是团队一起奋斗

的结果。肖逸群认为创业就是他想要的生活，创业之前，首先要学会自知，要知道自己是谁，能做什么，选择好一个创业的方向；其次，要有较强执行力，立刻落实；最后，要在项目开展过程中不断地探索和学习，强化团队建设，营造敢于拼搏、善于冒险、勇于突破的工作氛围，创业永远在路上。

通过本案例可看出肖逸群是一个坚定的创业者，毅然放弃了一家大型金融机构的岗位选择创业，这是需要很大的勇气和信念的，这充分体现了他作为大学生创业者所具备的冒险和自信精神。"轻课"项目精准的定位和完善的方案都是通过踏踏实实地调研分析，反复地进行市场论证获得的，这离不开创业者乃至整个团队踏实做事的务实精神。创业是一项随时充满风险和变化的事情，稳定的团队，不断创新的精神对于创业公司来说十分重要。案例中，"轻课"团队的灵活创新处理能力和团队精神促使其项目业务不断向前推进，创业过程中遇到的瓶颈、困境，面临的压力不断检验团队成员们的韧性和抗压能力，使这个团队不断成熟和强大。通过案例我们可以认识到，大学生创业者不是去选择结果的，而是去创造选项的，只有不断塑造自身创新、自信、务实、坚韧、冒险的团队精神，才能一路披荆斩棘，为创业之路保驾护航。

【本节重点】

区分大学生创业的优势和劣势，准确把握大学生创业的本质和价值，掌握大学生成功创业所需的能力和素质，为今后参与创新创业打下坚实的基础。

【思考题】

1. 大学生应该如何处理好学业与创业、创业与就业的关系？
2. 大学生为什么要关注并接触创业，该为此做哪些准备？

【练习与实践】

梳理你所在区或者县市对大学生创业的扶持政策，形成一份《××地区创业政策汇总目录》。在这份目录中，你至少应当列出该政策的文件名称、发布单位、发布时间、主要内容4项内容。

第七章 创业的关键要素

【本章学习重点】

1. 了解大学生创业的关键要素,包括创业机会、创业团队和创业资源。
2. 清楚大学生创业机会的来源,能够掌握创业机会的评价标准有哪些。
3. 了解如何搭建和管理大学生的创业团队。
4. 了解创业资源有哪些种类并且知道如何获取这些创业资源。

7.1 创 业 机 会

7.1.1 创业机会的来源

近些年以来,我国市场经济的发展在"互联网+"的背景下取得了相当大的进步。"互联网+"给中国经济发展插上了翅膀,在未来,中国的市场经济要想取得更快更好的发展,必然还要在"互联网+"背景下进一步改革创新。同时,互联网时代也给大学生创业带来了良好的发展背景,给大学生创业注入了强有力的能量,提供了大量的创业机会。除此以外,在创业政策方面,无论是国家还是全国高等学校都给予了大学生创新创业优厚的政策支持,相继出台了一些关于大学生创业的文件,为大学生创新创业给予资金上的扶持。从国家和学校鼓励大学生创新创业这个层面上可以看出,国家对大学生创新创业不仅高度重视,也给予了很大的肯定和强烈的期望。加上当今媒体的高度宣传之下,大学生创业者也能在新闻媒体中看到一些优秀并且已经成功的创业楷模和创业团体,比如说优秀青年创业者王兴创办了美团公司。大家都知道美团是一家线上团购平台,在整合资源的基础上为消费者提供更加便利的吃喝玩乐的选择。美团刚上线的时候,就得到了广大消费者的青睐,这主要是因为它的优势特别明显,正好迎合了市场消费者的需求,所以美团创立至今的发展也一直处于不错的状态。还有就是创业者张旭豪创立的饿了么公司,饿了么是一家网上外卖平台,它主要是融合了特定区域内的餐饮店资源,在平台上为顾客提供外卖服务,使得广大消费者足不出户就可以享受到用餐的便捷和快乐。饿了么的独特优势特别受上班族的喜爱,主要原因是上班族上班时间比较忙,再加上工作任务比较重,平时的用餐时间没那么宽裕,饿了么外卖平台正好可以节省他们的时间并且提高他们的工作效率。在这样的发展情况之下,饿了么在消费者市场上也占有了一席之地,迅速赢得了比较高的市场份额和市场地位。这样成功的创业案例还有很多,并且这些创业成功的故事和创业者给大学生群体带来了非常强的示范作用,许多大学生甚至把媒体报导中的创业楷模视为自己的"创业偶像"。大学生创业者在创业上的很多方面都在效仿他们,并且获得了创业上的一些成功。除此之外,根据相关的媒体报导,2019年全国高等学校的大学毕业生人数达到 834 万余人，如此庞大的大学毕业生人数也充分说明了高校毕业生面临着日益险峻的社会就业竞争压力和现实生活压力，这样很多的大学生就会迫于就业的压力自愿选择自主创业。以上 4 个方面使得许多大学生非常愿意投入到创业的大潮中去，虽然说大学生都接受了较高的知识教育，并且也具备了较为专业的学科背景，但是很多大学生对于自主创业还缺乏相应的创业指导和创业经验。这样的客观事实就会造成很多大学生空有一腔创业热血，在具体的创业项目的选择上存在盲目跟从、头脑发热及手足无措的现象，不清楚怎样抓住创业机会，也不知道怎样寻找创业机会的来源。这就是为什么有的大学生创业很成功，而有的大学生创业最终走向了失败。为了给大学生创业提供好的建议，本书在这一章节对创业机会的来源进行深入探索，旨在为广大高校大学生们找寻创业机会提供思路，希望对正在创业的大学生们有所启发。结合当今创业市场的发展情况来看，创业机会可以来自以下 6 方面。

第一个方面是经济市场上要有需求。经济市场上如果有需求，就意味着当前市场某些行业还存在空缺，这些空缺的行业就会直接或间接地给大学生们创造创业的机会。从客观情况来看，当今中国的市场经济正朝着蓬勃向上的态势发展，发展过程中必然会给市场带来新的需求，然而，也常常会存在新的市场需求无法在现有的经济市场上得到满足的问题，这种问题要想得到根本上的解决，大学生创业者们必须要有敏锐的市场嗅觉，在平时的创业实践中积极发现市场上出现的新需求，并且努力地去满足这些新需求。如果现有的市场出现结构问题，经济市场就会不平衡。只要市场上出现失衡的问题，创业者们就应该积极探索、发现并且利用新的创业机会去弥补失衡的问题，直到市场上出现新的动态平衡。比如说在共享经济发展的背景下，现有的传统出租车不能完全满足乘客们的出行需求，滴滴出行就抓住乘客出行的超大需要的市场机会，诞生并快速发展了网约车出行——乘客们通过网络平台匹配司机来预约出行。这种出行方式有着独一无二的强大优势，以强大的便捷性受到广大消费者的青睐，所以一直处于高速的发展态势。再比如现在的 O2O 平台就是利用互联网自由联结的优势，将市场上各个行业的采购、生产、交易等过程的供应链重新组合，去除传统产业供应链中多余的环节，进而在经济市场当中发现创业的机会。总而言之，大学生群体要想创业成功，必须要紧紧抓住市场的需求，紧跟需求，发现市场当中蕴含的各种创业机会。

第二个方面是国家政策的变化。与创业相关的国家政策发生变化，也会给创业者们带来一系列的创业机会。随着当今经济社会的高速发展和变化，人民群众的需求也发生了变化，政府是国家宏观调控的主力军，必须响应时代的号召，不断调整相关的政策与时代相适应。市场的政策一旦发生变动，就会引起市场结构的变化。大家都知道，国家只要出台新的政策或是国家在现有的政策上做了调整，这些变化都会成为创业者们重点关注的对象。这是因为这些政策的出现或调整会为创业者们带来一系列的创业机会，对大学生创业者而言，也是非常良好的机遇。比如国家从 2015 年开始实行全面放开二胎政策，二胎政策出来后，几乎每年都会有 100 万到 200 万新生儿诞生。根据相关平台估计中国在 2018 年将会有超过 2 000 万的新生命出现，这些新生命的出现预计将会给市场上带来 1 200 亿到 1 600 多亿的消费增长。除此之外，相关政策的出台也在母婴、"互联网 +"健康、大数据医疗健康和在线儿童教育等领域给创业者们带来了一系列的创业机会，近两年，很多大学生盯紧了该领域的需求，并且也有在这个方面创业的大学生，最后取得了不错的创业成绩。再比如国家在 2014 年的时候发布了《关于跨境贸易电子商务进出境货物、物品相关监管事宜的公告》。从中可以看出，这是国家从公共政策上鼎力支持跨境电商发展，一些跨境电商平台比如易趣、雅虎、shopee、Payoneer、速卖通等都给创客们带来了很多的创业机会。还比如中国共产党第十九次全国代表大会上号召的乡村振兴伟大战略，从国家层面对农村发展给予了大量的优惠政策和资金支持，目的是实现当代乡村的振兴。就在国家提出乡村振兴战略不久，国内的一些电商平台，如苏宁易购、京东、阿里巴巴等开始向农村扶贫这个领域进军，均投入了大量的资金去推动该领域的发展。除此之外，还有大数据中的数字化理念和互联网思维也渐渐地向农村区域传播，并且得到了较好的应用。传统农村这个广阔无垠的市场也正因为国家政策的扶持慢慢散发出迷人的魅力，也慢慢地给大学生创业提供了新的良好的平台，带来了许多新的创业机会。最后值得一提的是，以中国为倡议国发起的"一带一路"战略不仅获得了沿线国家的赞许，而且在经济领域也带动了沿线国家的发展。无论你是中国人还是外国人，都能享受"一带一路"带给我们的福利，"一带一路"为全球创业者提供更多有利的创业机会，特别是在全球旅游、影视及餐饮等行业迎来巨大的创业机会。以上几个方面都说明了国家政策的变动会给创业者们带来新的创业机会，大学生创业群体一旦抓住了这个机会，对于创业来说都是非常有利的。

第三个方面是科技的推动和变化。科学技术的发展和变化会推动新的创业机会出现，具体来说就是随着科学技术的不断发展和推进，或是社会领域产生了新的科学技术，都能给创业者们带来大量的创业机会。比如大家都熟知的互联网技术，可以说它是科学技术领域的一次重大革命。互联网技术刚刚兴起的时候，就诞生了许多大大小小的互联网企业，如腾讯公司、阿里巴巴集团等。再比如，跟我们密切相关的饿了吗、滴滴、美团等也是在互联网技术发展的背景下产生的。在某种意义上可以说，我们的衣食住行已经越来越离不开互联网技术了，很难想象没有了互联网技术，我们的生活会是什么样子，是互联网技术改变了我们的衣食住行，未来还将继续改变我们的生活方式，甚至会引来一次次的科技革命。这些科技带给人类巨大便利的同时，也为创业者带来了一系列的创业机会。所以，大学生创业群体应该在实践中积极寻找科学技术带来的创业机会。

第四个方面是善于从优秀的创新中去跟紧和模仿。大家都知道，互联网技术诞生于超级大国——美国，美国互联网技术的发展和兴盛是遥遥领先的。20世纪末，中国很多互联网企业的做法都是在效仿国外的同行，即使有些互联网企业做了一些国产化的创新，但其中的核心技术还是在效仿别人。虽然近些年新浪和搜狐取得了较大的发展和创新，但这两家企业刚成立的时候，一些做法也是在模仿美国的雅虎。再者，阿里巴巴旗下的淘宝，最初的电商模式也是来源于美国的eBay模式，还有当当网，最初也是效仿美国亚马逊的经营方式的。不得不认清一点，大量的中国互联网企业在刚开始的创业时期，很多都是在模仿外国的互联网科学技术或者商业经营模式，但他们在学习国外同行的精髓后进行国产化的本土创新，进一步完善国内的市场，进而可以发现一些创业机会。在当今中国，大学生创业者可以积极响应国家"一带一路"战略，将自己投身于"一带一路"的大潮中去，将中国许多先进的科学技术和理念带到现在还比较落后的发展中国家中去，比如周边的一些东南亚国家，这样便可以发现许多的创业机会。

第五个方面是大学生创业者可以从自身的兴趣方面寻找创业机会。大学生前期想创业的时候常常空有一腔热血而无处着手，这时候要做的应该是认真评估自己，认识自己，积极发现自身的兴趣爱好和理想信念，客观评价自身的创业想法有多强烈等，并在此基础上专心地发挥自己最拿手的方面，并且将想法转化为具体的创业项目，进而实现自己的创业目标。比如我们生活中经常使用过的小黄车，它是共享经济背景下发展而来的产物——共享单车，最初的共享单车是北京大学4名在校大学生倡议建立的创业项目，他们有着共同的创业目标，刚开始就是单纯地想通过共享单车实现校内的老师和学生们不受时间和地点限制，有单车代替步行的目标，从而解决了师生们的出行问题。这4名ofo共享单车的创始人分别来自北京大学不同的院系，他们的人生经历不一样，甚至他们之前也互不相识，但是他们都有一个共同点——热爱骑行。正是因为有了这个共同的爱好，他们走在了一起，在平时的学习和实践中催生了创办ofo共享单车项目的想法。除此之外，这样大学生创业成功的案例还有很多。

第六个方面是积极发现周边生活的痛点。痛点是指老百姓想要解决却还没有来得及解决的问题或者现象，痛点可以说是创业的关键要点，有时候在生活中寻找到了痛点，几乎就等于发现了创业的商机。正是因为人们在生活中有了痛点，才会去积极解决这个痛点。哪个创业者发现了这个创业商机，就会生产研发出解决该痛点的商品，继而赢得市场的主动。比如我们平时生活中的一些塑料袋等白色垃圾对环境有很大的污染和破坏，这类污染是环保的痛点，德国的一些年轻人就用树叶生产出环保的餐具。他们的做法就是在平时的生活中积极发现痛点，并想办法处理掉这个痛点。再比如同样是解决环保的痛点，前段时间在智利，就出现了一种新型"塑料袋"，与一般塑料袋不同的是，它的可降解性非常强，能直接溶于水。这种塑料袋可以避免普通塑料袋对环境的污染，这种做法也是在日常生活中发现痛点并解决痛点。既然这样，在我们平常的学习和工作中，如何发现生活中的痛点呢？我们不妨从老百姓的抱怨中寻找答案，比如有的人常常抱怨身边的交通拥堵，有的上班族抱怨工作太累、生活压力大，有些父母抱怨孩子的教育费用太贵，等等。这些都是可以找到生活的痛点的，大学生创业团队可以认真剖析生活中的痛点并从中发现一些比较好的创业机会。如果你认真积极地对人民群众的痛点进行细微的思考，并在脑中想出了相应的解决措施，说明这个时候你就已经发现了非常好的创业机会，走在了大多数同类创业者的前面，离创业成功更近了一步。

【案例分析】

郑裕彤组建周大福的故事

郑裕彤被冠以"珠宝大王"的称号，你知道是怎么来的吗？答案是钻石。

郑裕彤从小在传统的打金铺里当学徒，并没有雄厚的教育背景，但他却积极接受新事物，除去平时到同行的店里偷学外，他还积极关注国际珠宝行业流行趋势，所以细心的他发现西方极有地位的贵族夫人大多都喜爱钻石饰品，而对金银玉石并没有多大兴趣，得出这个结论后，他很快便将商业目光转向了钻石，而且那时的香港正处高速发展时期，大家的消费水平是能买得起钻石的。郑裕彤深信，过不了多久香港人便也会开始追求钻石并视为时髦的标志。

在各种挑战下，郑裕彤攻坚克难，组建"周大福"，引导传统珠宝行业迎来了大革新，并在70年代成为了香港最大的钻石进口商。而正是因为郑裕彤准确预测到香港钻石行业的可能性，才让他获得了巨大的成功。

【思考与讨论】

1. 结合案例分析，郑裕彤能赢得"珠宝大王"称号背后的原因是什么？
2. 结合郑裕彤组建周大福这一案例，请你谈谈创业机会的来源有哪些？
3. 如果你是一名正在创业的大学生，请谈一谈在创业实践中你是怎样把握住创业机会的？

7.1.2 创业机会的评价

前面阐述了创业机会的来源，那么大学生创业团队在面临很多的创业机会时，如何识别哪些是比较好的机会呢？哪些创业机会的可行性比较强？良好的创业机会可以有助于创业的成功，相反，如果在创业初期对创业机会的评价失误，很大可能性这次创业就会面临失败。虽然说造成创业成功与否的因素是综合性的，但是对创业机会的评价是创业成功的重要前提，在整个创业过程中是极其重要的，大学生创业者应该对创业机会的评价高度重视。在众多的创业机会当中，不是每一个创业机会都可以得到有效实践的，这些问题涉及创业机会的评价标准，那么具体的创业机会评价标准有哪些？

第一，创业产品必须是市场上高度需要的，有时候甚至是市场上的刚需性产品。对于大学生创业者而言，在做产品的时候应该要首先选择市场需求最大化，即刚需性的商品，这样大学生创业成功的可能性就会更大一些。这里的刚需性是指顾客真正需要的、正翘首以待的产品方案。比如在我们的日常生活中，经常需要打车出行，这就是人们在日常生活中出行的刚需。滴滴在这一方面就优先抢占了市场机会，抓住乘客的刚性需求，为乘客提供出行服务。这种出行服务一面向市场就给乘客带来了便利的服务，所以近两年的出行业务也发展得非常好。还有就是，大学生创业者在做产品的时候要重点考虑客户使用频率较高的产品，比如人们每天都要面临的就是吃饭问题，传统的吃饭方式是在固定门店里吃堂食，但是随着人们生活节奏的加快，一些上班族为了节省时间，对用餐方式也提出了一些新的要求，这个时候市场上就急需网上送餐的服务。美团外卖就是利用网上平台为一些比较繁忙的上班族提供送餐服务，一是为上班族节省了等待用餐的时间，二是这种送餐方式非常便利，这样就使得美团外卖非常受市场消费者的青睐。美团外卖就是随着人们的外卖需求不断增加而发展起来的，从成立至今，规模也不断扩大。事实证明，创业产品符合刚性需求大，以及使用频率高的特点，创业成功的可能性就会更大一些。

第二，创业企业必须要具有简单明了的、可以扩展、可持续性的商业模式。好的、可行性高的商业模式对大学生创业者的创业成功具有举足轻重的作用，甚至可以说是在创业过程中成功了一半。21 世纪初，腾讯公司的马化腾研发出了 QQ 并将此业务推向市场之后，随着用户的不断增加，QQ 业务的成本也在不断上升。腾讯 QQ 一直不断地寻找可以盈利的商业模式，最后他们找到了一种新的商业模式可以获得极大的收入——开发全新的游戏业务。事实证明，腾讯公司的游戏业务给腾讯带来了长期的盈利。但是盈利性的商业模式并不容易找到，并且事实也证明了产品做得很好并不完全等同于企业就会做得很出色。那么现在需要面对的问题就是，好的商业模式应该具备哪些特征呢？首先，好的商业模式应该是简单明了的。具体来说，商业模式不宜太过繁琐或者复杂，商业模式从价值创造至价值分享的环节不宜太长，否则其中任何一个环节失败或者短路，都会导致商业模式不可行，所以商业模式要尽可能简单明了好操作，客户才能更容易理解。其次，好的商业模式应该具有可扩展性，一般来说，好的商业模式在具体的某个小领域具有可行性，那么在更大的领域和更大的范围应该也具有可行性。好的商业模式必然是具有可扩展性的，可扩展的商业模式才会更加方便地复制和推广，从而更容易产生规模效应，这种商业模式才会更加容易实现创业成功。最后，好的商业模式一定是持续性更久。很多人都想复制市场上成功的商业模式，那么持续性较强的商业模式就需要一定的门槛和资源技巧，这样才能确保一些关键因素无法被人复制，别人也无法挖走该商业模式的核心要素。

第三，大学生创业者应该抓住别人不容易看见、瞧不上、看不明白、学不来、追赶困难的创业时机。在这里举一个典型的案例，百度和新浪都属于互联网企业，随着近些年的发展，百度成为了行业的佼佼者。百度当年刚创立的时候，谁也不知道它会发展成为搜索引擎领域的引领者，市场的价值更是难以估算，新浪公司如果知道百度能有现在市场如此大的市值，试想一下，新浪公司肯定不会放过百度；同样地，刘强东刚刚创立京东的时候，马云的阿里巴巴集团对京东的商业模式也是不以为然，没想到京东后来抓住创业时机发展成了这么大的互联网企业；同样还值得注意的是去哪儿网，去哪儿网是在携程创立之后才逐渐发展起来的；而滴滴刚在市场上提供新的出行服务模式的时候，市场上很多的传统出租车公司将滴滴平台的车视为"黑车"，并且认为这些"黑车"抢了出租车的生意，对滴滴持敌意、看不起的态度，甚至还与滴滴产生了很多的矛盾，给政府施压，想让政府动用行政手段来遏制滴滴的发展。以上举的百度、京东、滴滴、去哪儿网等创业案例在今天能够发展得这么好、这么大规模，背后的原因是这些企业在刚开始的创业前期抓住了比较好的创业时机，抢占了市场的制高点。正是在市场上别的企业不容易看见、瞧不上、看不明白的时候，百度、滴滴等成功企业选择了伺机发展，当别的企业开始意识到这样的时机之后，已经学不来并且也追赶不上这些成功的企业了。总结以上的经验，创业者们在最初的创业前期对创业时机的合理选择是极其重要的。

【本节重点】

本节主要介绍了大学生创业的机会来源有 6 个方面，并且介绍了 3 个创业机会的评价标准。当代大学生群体应该熟悉本节中所提到的创业机会来源和创业机会的评价标准，从而更好地引导自己的创业实践活动。

【思考题】

1. 除了以上谈到的创业机会来源，你觉得还有哪些来源？
2. 在创业实践中，你认为什么才是好的创业机会？
3. 作为新时代的大学生，你如何把握住创业机会？

【练习与实践】

课下请同学们到图书馆查阅相关资料，从创业机会来源的角度，找出 3 个比较成功的创业事例，从这 3 个事例中找出比较普遍的创业机会来源有哪些？并且同学们可以利用课余时间，就"创业机会的评价标准"这个主题展开讨论，对该实践活动写一份 1 500 字左右的报告。

7.2 创 业 团 队

7.2.1 创业团队的搭建

7.2.1.1 创业团队的概念及其重要性

由于当前的经济市场和就业市场并不乐观，很多大学生在毕业的时候，首先会做出自主创业的选择，加上大学生的创业观念很浓厚，这样就会造成近些年大学生的创业热度不断上升。从当前社会的创业热潮来看，不难发现某个企业成立的初期阶段，创业团队可以说是这个企业最核心的组成部分，在企业整个运营过程中都起到举足轻重的地位和作用。如果把创业比作一场拔河比赛的话，那么这场比赛的每一个队员都必须要做到同心协力，这样才能在当今竞争非常激烈的市场中脱颖而出，抢占市场机会，赢取最大化的市场份额。创业团队的合作也可以比作是划龙舟，只有创业团队的每一个成员步调是一致的，朝着共同的创业目标不断向上、加油，才能在众多的创业团队中名列前茅。那么，需要清楚的一点是，什么是大学生创业团队？简单概括：有着共同创业目标的几个创业大学生形成一个大学生创业群体，在这个基础上，善于抓住市场的创业时机，群体内部存在有序、合理的团队结构，团队内部成员之间彼此相信、共同合作并且合理分工，以实现创业团队的共同利益和使得团队达到最大化利益为创业目标，这样的创业团队是由几个有着共同的创业目标和相同价值观的高素质、高文化的大学生所组成的。

7.2.1.2 如何组建高素质的创业团队？

随着社会的不断发展、进步，社会对人才特别是高素质人才的需求显得愈来愈迫切。虽然当今新时代的大学生接受过国家的高等教育，但是一些大学生刚刚从大学毕业时仍然会面临一系列的就业问题。当大学生面临这些问题时，党和政府就给予了一系列的政策优惠，并且下达了一些重要文件倡导大学生积极创业。虽然国家层面给予了很大的创业政策的支持，但是当代大学生自身还需要经受能力的考验，首先就体现在搭建创业团队方面。创业团队的搭建一方面是创业前期的基本工作，另一方面对创业团体的个人能力的提升也有很大帮助。下面主要阐述大学生创业者在前期的创业实践中和具体搭建创业团队时，即将要面对的一系列问题，以及相应的解决措施或方案。

（1）搭建一个高素质的创业团队应该有明确的创业目标

高等学校的大学生在刚毕业的时候往往会面临一些问题，比如说对未来的迷茫或者是在市场上找工作时压力重重、屡次碰壁。到了真正想创业要搭建创业团队的时候，许多大学生还是市场上的新人，刚刚从大学毕业走出校门，对社会上的一些发展情况不是太清楚，并且在创业前期也没有对创业市场做过充分的调研，加上刚开始对自己的创业团队的目标不清晰，甚至可以说是很模糊。管理学中就提到，一个群体或者团队一旦有了明确的目标，就可以激发团队内每一个成员的个人能量，使得每一个成员都尽其所长、最大化地将自己的才能发挥出来；反之，如果一个团队本身缺乏一定的创业计划和目标，那么很难想象创业团队在遇到真正意义上的实践困难的时候，团体内部成员怎样共同渡过难关。所以从前面的论述中可以知道，一个团队如果拥有了共同的创业目标，实际上就是起到了稳定团队的作用，团队成员可以通过这个创业目标找到有共同志向的创业小伙伴，使得每一个成员都能实现自己的创业价值，并且能够充分汇聚成员的个人能量，让目标的实现充满前进的动力，最终实现创业团队的持续发展。值得关注的是，在一个创业团队制定创业目标时，团队的兴趣爱好也是非常重要的，往往应该放在首要位置，这样做的好处就是可以保证团队成员全身心地投入到创业实践中。其次，创业目标应该要实事求是，符合市场的实际情况，尽可能地满足市场的需求，并且还应具备相应的市场竞争力。要想做到前面的要求，大学生创业团队必须要对市场做充分的考察调研，同时应该尽可能地得到政府部门的大力扶持，以对国家和人民群众有益为基本原则，再综合各方面的考虑，做出合情合理的创业目标。

（2）搭建一个高素质的创业团队应该建立并完善自身管理制度

一个创业团队的发展和进步始终与良好的管理制度分不开，这么说的原因是一个团队的具体运作是需要在一定的制度规范下进行的，这样才可以增强团队的实践能力，进而形成优秀的创业团队办事风范。对创业团队的每一个成员来说，尽全力维护并自觉遵守团队的管理制度是每个成员应尽的义务，在自身的责任方面要尽可能地做到各司其职，不应该有任何一个团队成员多余。在选拔团队带头人的时候，应该要充分关注和考察具有优秀领导能力并且大家信得过的综合性高素质人才。同样的，在团队新成员的选拔中，一定要有合理的晋升程序和体制，防止创业团队老成员排挤新成员，防止团队内部优秀的新人才流失。在领导层的上面还有必要设立监督组织或监督委员会，这样可以防止出现内部成员极化现象。虽然说创业团队离不开每一位内部成员的共同努力，但是要将每一位成员的心紧紧地拴在一起是很不容易的，那么怎样才能尽可能地做到让团队内部成员的心联系在一起呢？严密的管理制度可以帮助解决这个问题。试想一下，为什么市场上有一些创业团队会出现一系列的问题？其实这些问题的症结就出在这里，由于一些创业团队刚开始会误以为既然团队内部的成员都有着共同的创业梦想，那么管理的严格还是松懈对自己的创业团队都一样，没有太大的差别。基于这个错误的想法和观念，最终的结果就是创业团队内部出现成员之间的意见分歧，然而又没有合理的管理制度来规范和约束成员的行为，这样就会导致成员自己干自己的事情，整个创业团队像一盘散沙，失去了明确的团队目标和执行力。

（3）搭建一个高素质的创业团队必须要提高团队自身的竞争力

在当今市场，市场竞争是相当残酷的，有句话说"物竞天择，适者生存"，适合市场发展的创业团队会生存下来，不适合市场发展的创业团队就会被市场淘汰。一样的道理，如果想在创业上取得成功，你的创业团队在市场上就必须出类拔萃，具备很强的市场竞争能力。虽然说大学生创业团队内部的成员都接受过高等教育，也都具有高涨的创业热情，但是这并不等于所有的大学生创业团队都具备较高的市场竞争力，那么怎样才能使得你的创业团队在市场上众多的创业团队中显得与众不同？每个创业团队要做的就是非常明白地认识到自己团队的竞争点和薄弱点在哪里。这样才能更好地结合市场的需求，真正发挥团队的优点，避免团队自身的短板，并且将竞争力用在社会的需要上，把劣势适当地隐藏起来，慢慢地将缺陷完善成优点。要想具备这种清晰的意识，这就需要大学生在创业团队搭建的时候，对市场进行深入的学习和调查，以及对社会的发展情况有着深入的了解，还能明确未来社会的发展方向。虽然说市场的同行是我们的竞争对手，但是他们也是我们在市场上发展的合作伙伴。事实证明，只有竞争是远远不够的，市场上创业团队之间应该在竞争中合作，在合作中竞争，才能达到互相学习、不断提高自身竞争力的良好局面。除了以上提及的几个方面，如何做好市场宣传，在市场上占有主动权也是非常重要和值得关注的。古话说"酒香不怕巷子深"，在现在竞争如此大的市场环境中，恐怕光有"酒香"是远远不够的，团队应该要跟随时代的步伐，满足当代市场的种种需要，在平时的市场竞争中更多地考虑把自身的优势给推销到市场当中。实践也证明了一个发展良好的创业团队在得到市场的认可之外，往往也会给市场带来更多更有利的价值，这样具有强大市场宣传能力并且得到市场认可的创业团队才会有生存下来的价值。

（4）搭建一个高素质的创业团队要注重团队成员沟通能力的培养

创业团队的每一个成员都是这个团队不可缺少的一部分，也是团队中创造市场价值的真正操作者。创业团队成员的沟通能力是团队在整体运营中的核心环节，良好的团队沟通可以实现团队对外的表现能力。但是许多创业团队在创立的时期会面临一个很重要的问题，就是团队内部成员出现不和谐，最后不欢而散，这个问题的症结并不是出在矛盾自身，而是有些创业团队在面对团队内部成员矛盾时，不知道如何调解。事实证明，这些矛盾并不是不可解决的，创业团队应该要学会抓住主要矛盾的关键，创业者要善于借用搭建团队的初衷，用搭建团队时的初衷来调解这些矛盾，这不失为一种良好的解决方法。除此之外，创业团队还应该学习如何在平时的创业实践中加强感情的培养，因为创业团队的成员不能单方面地只知道工作，创业团队的主要负责人平时也要注重培养团队成员的感情。工作中应该做到张弛有度，团队工作取得比较好的成绩的时候，团队负责人可以适当地组织一些娱乐性的活动，如唱歌、团队聚会吃饭、旅游等。可能有人会觉得这是在浪费时间，降低平时的工作效率，正如古话说的"磨刀不误砍柴工"，这种活动的举办能够给团队带来更高效的团队凝聚力，带动每位员工的工作动力。当团队内部的成员意见上出现分歧的时候，创业团队的主要负责人要善于调解组织内部的矛盾，不能逃避，而是要主动地去面对它，并且想一切办法去解决它。在解决矛盾的同时，还要最大化地保持团队的共同利益，使团队内部每个成员的自身价值得到充分发挥，这是一个良好的团队负责人必须具备的素质。最后应该强调的一点是，对团队内部沟通能力缺失的部分，团队负责人要积极更正，不能任其发展，并在平时尽可能地挖掘团队成员的个人潜能，积极培养团队内部人员的沟通能力。

（5）搭建一个高素质的创业团队应该要对创业风险进行合理化的评估

很多大学生在创业的时候会遇到各种各样的风险，可见，存在风险是很正常的事情，但是真正做好合理的风险评估就是要有一整套有效的防范方案。许多大学生在具体的创业实践中，往往会出现在项目选择上太过盲目、有时候缺乏一定的创业技能、资金跟不上创业项目运转等风险，下面就专门对以上提到的问题做出详细的阐述。首先，很多大学生在创业项目选择上存在一时兴起、头脑发热的问题，这样很容易对创业项目的投资方向产生不合理的判断，有时候甚至会出现判断严重失误。针对这种情况，本书建议可以从小的方面做起，不一定一开始就接触大的创业项目，毕竟刚开始创业的时候创业经验不足，社会经历也不够，可以在市场中积累了一定的资源和人脉后，再考虑业务扩展的问题。其次，一些大学生在创业的时候只有理论知识，但其实并没有具备实践能力，这种创业的效率并不高，最终会走向失败，本书认为刚刚创业的团队应该提前进行培训，在培训中学习一些创业知识，这样做是因为它是创业成功的前提。最后，大学生创业最担心的问题是资金，为了确保创业的成功，在创业前期，创业者们就应该积极筹备资金，保证有足量的资金跟上创业项目的运转，这样才能让团队创业项目的想法真正运转起来。许多团队因为缺少资金而错失良好的机会，机会有时候只有一次，没有抓住时机的团队就会被市场给淘汰。根据以上三点可以看出，对创业前期的风险评估，是创业团队正常运转的前提和条件，是否进行了合理化的风险评估与创业团队决策者的见识和眼光有着密切的关系。

（6）搭建一个高素质的创业团队需要创业者具备较大的魄力和胆识

创业者的创业风格不能过于保守，因为团队在真正的运营过程中，可能会出现一系列的问题，保守的创业风格会使得创业者错失一些良好的时机，最终往往导致失败。创业者在刚开始的创业中会遇到很多问题，自己的力量有限，这个时候就需要周边亲朋好友的扶持，包括人脉、资源和资金方面的支持，但是创业者应该时刻保持清醒的认识，即亲朋好友的大力支持不能够决定你在创业关键时期的选择，一定要有自己的判断力。在创业初始阶段的某些选择上保持谨慎是无可厚非的，但是如果在很多次的场合和选择上一直保持过度的谨慎，就会错失很多的创业机会。要知道创业团队面对的机会是稍纵即逝的，这就需要创业者必须要有较大的魄力和胆识，但这种魄力和胆识是要建立在合情合理的基础之上的，并不是大家生活中所说的胆子大和盲目地抓住机会。特别是在我们现在所处的互联网信息时代，准确来说，我们大家已经步入了大数据的时代，我们的学习和工作生活中，机遇和挑战是并存的，身边的很多事物是变化万千的，所以我们应该要积极地学习新知识来武装自己，不断完善自身的知识体系来适应社会的变化。但是有些创业者将学习看得过于静态化，认为自身的知识储备已经足够可以用来创业了，本书认为这不应该是一个真正创业者的想法和意识。真正的创业者应该不能被身边的条件和诱惑性的利益所束缚，创业者应该具有长远的眼光去看待创业，而不是一味地对创业持保守和安于现状的态度。

通过本节前面所提到的内容可以得出一个很重要的结论，那就是搭建一个高素质的创业团队，在前期创业的时候就应该做到团队内部有着共同明确的创业目标，团队需要建立自身完善的管理制度，团队具备较强的市场竞争能力，团队成员之间沟通良好，能做出合理的风险评估，创业者具备较大的魄力的胆识。伴随着社会的不断进步和发展，人们在对世界和社会不断探究的过程中慢慢改造身边的生活环境，这样的改造其实就是一种经营的想法，这就使得创业团队的管理程序愈来愈复杂化，就需要团队在搭建了之后还要经历不断的发展、成长，合情合理地接上政府公共政策的轨道，在这个基础上抓住每一次时机，为创业团队的成长和社会的不断发展进步贡献自己的力量。

7.2.2　创业团队的管理

搭建了属于自己的创业团队之后，大学生创业者在具体的创业实践中难免会存在一些问题，需要特别注意的是创业团队内部自我管理的问题。实践和事实证明，很多大学生创业团队最终走向失败的原因往往是创业团队的自我管理不完善，在此基础上要进一步完善团队的内部管理。所以，本节专门阐述大学生创业团队的管理问题和对策建议，首先阐释的是，当代大学生创业团队的内部管理目前还存在哪些比较普遍的问题，然后，为大学生创业团队的管理给出具体的对策建议。

7.2.2.1　创业团队内部管理目前存在的主要问题

（1）组织上存在管理问题

首先，大学生创业团队在组织上存在某些管理问题。这方面的问题主要体现在有些大学生创业团队整体完成任务的效率和质量不高，以及团队里面仍然存在不公平的现象。大学生创业团队的任务可以说是灵活多变的，团队内部的任务分配很多都是根据任务所花费的时间和任务类别来进行的，这是任务的一些硬性要求，然而却很少有创业团队对任务的具体完成质量的下达明确的标准。这样就会导致一个比较不好的后果，那就是组织内部的人员对任务完成的效率和质量参差不齐，甚至在同一个组织里面还会存在有些人的任务分配不到位。有些团队成员没有明确的任务意识，有一些职责很类似的成员由于个人责任意识不一样，就会出现团队内部的不公平，这也可能是一个创业团队隐藏的主要矛盾，最后都会阻碍整个创业的成功。

其次，大学生创业团队的领导者组织、协调能力和效率比较低，团队内部成员的角色认可度不高。创业项目的实施运转过程需要团队领导者卓越的领导才能和稳健的工作状态，领导能力的好坏会直接对团队整体的运营产生较大的影响，可见团队的领导者在该团队中的地位是非常重要的。领导者做出的决策往往会影响团队成员对自己的认可程度，就会出现两种不同的结果：一种结果是成员对自己的高度认可，另外一个结果是成员对自己的极度不认可。如果团队成员对团队领导者做出的决定不认同的时候，团队成员心里就会产生抵触的情绪，接着会对工作任务的必要性进行质疑，最后导致成员对自己在团队中的角色认可度下滑，缺乏工作的积极性，甚至还会损伤他们在工作当中的创造性。假设某个创业团队的领导者在用人这一块效率不高，那么可以肯定的是，这个团队的工作效率也是非常差的。

（2）创业项目运作上存在资金问题

① 项目筹备资金不足　资金是创业成功至关重要的物质保障，有时候甚至对创业的成功起决定性的作用。好的创业项目是重要的前提，但是创业项目的整个运转过程需要强大的资金作后盾。创业的过程是非常艰辛的，无论是创业团队刚刚建立的前期，还是创业项目的具体运转中，往往都会面临资金短缺和前期筹备不够的问题。出现上述情况的原因有两方面：第一个方面是因为大学生创业团队自身缺少一定的创业能力、创业经验及人脉资源，致使大学生创业团队筹集资金的渠道比较单一，筹集的资金数量很有限。除了国家层面会给予一定的创业政策倾斜，为在校大学生创业团队提供一定的资金支持，没有其他社会上的筹集渠道，这样就会造成创业团队可以调动的资金比较有限。另外一个方面是因为目前我国的信用体系还不是很完善，还有待改进。现在大多数的银行、信贷等机构都不太情愿为大学生创业团队办理贷款，因为大学生为创业项目贷款的时候无法提供可抵押的财产标的物。并且在校大学生也不是很清楚资本市场的筹资方法，还有一个重要的原因是大学生缺乏相应的筹备资金的理论知识。然而创业团队在创业项目运转过程中缺乏资金的时候，很多的创业团队会采用一种失调的解决方式——分摊创业项目资金。

② 创业项目资金使用方式不恰当　这方面主要体现在没有合理地规划创业项目的利润分配方式。在创业项目建立的前期或项目具体施行时需要创业资金的支撑，然而在创业项目运转很好的时候，会有创业利润的收入，此时创业团队需要有计划地分配创业利润。在国家大力鼓励大学生创新创业的背景下，只要参加了大学生创新创业的创业团队都可以得到中央政府的财政扶持，因为财政资金的报账、核实和下发并不是一次性到账，而是分批次进行发放的，这种情况就会造成创业团队在具体的项目运转过程中缺乏足够资金的支持。形成这种结果的主要缘由是团队没有制定一个切实可行的分配利润计划，对这方面计划得不是很缜密和周全，这样不仅对创业团队的内部管理造成负面影响，对团队成员的工作积极性不利，也会对创业项目的整体效果和成绩产生不利的影响。

（3）项目成果在具体应用上存在问题

虽然许多创业团队的创业项目取得了不错的成绩，但是在项目成果的具体应用上却面临不能够准确合理转化的问题。一部分创业团队在搭建团队的时候是为了参加与创业相关的比赛，甚至还有一些大学生仅仅出于一时冲动或对创业项目的盲目乐观就开始进行创业。但是他们没有考虑到自身能力的欠缺和相关技术的缺乏，所以就导致有些创业项目无法真正地落地，很多的项目仅仅停留在理想表面，却不能实际操作和执行，加上大学生缺乏一定的学习动力，这样就会进一步给创业项目运转造成较大的阻碍，最坏的结果就是整个创业项目彻底废掉。除了以上提到的情况，还有一个不好的现象就是高等学校的创业园追求的目标比较功利化，都希望在很短的时间内就能产生创业项目，长此以往，一些创业项目的成果也不能得到具体应用。有些大学生创业团队会把创业项目视为某个阶段的工作任务，取得阶段性的成绩后就将它置之不理，并没有对创业项目做长期计划，比如长期的成果宣传，或是长期性运营等进一步转化成市场实体的运作。

（4）团队的绩效考核方式不完善

一般来说，一个创业团队在刚刚建立的时期，团队内部所有的成员都会全身心地投入自己的精力和时间，他们都有一个共同的创业目标，为了这个目标加油干出一番事业。这个时候的创业团队如果没有一整套合理的绩效考核制度和激励体制，甚至还缺乏一个长期的计划，就很有可能是团队以后发展的障碍。

（5）团队的目标与实际不符，创业过程控制难度较大

大学生刚从大学毕业，和社会上创业青年的情况有所不同，主要表现在创业思维不是很缜密，对创业过程中出现的问题考虑得不严谨。特别是大学生在创业中取得了一些成就的时候容易得意忘形，找不准自己的位置，在设立下一步目标的时候就会心高气傲，不懂得结合实际的情况。

7.2.2.2　创业团队内部管理的对策建议

（1）对创业团队加强管理

第一，创业团队内部制定一套自己的任务指标体系，提升组织内部的公平性。负责团队分工的人不仅应该充分考虑团队任务的完成度，还要考虑团队成员之间的工作安排。团队内部制定的任务完成指标必须要明确，比如说团队的人力资源部门和市场部门，这两个部门应该设立不一样的工作标准，从而提高团队整体的完成效率和组织的内部公平性，降低团队内部成员发生矛盾的可能性，提高成员对平时工作的积极性，明确创业目标的主要方向和任务指标。

第二，提升创业团队领导者的工作效率和工作能力，加强团队成员的角色认可度。建议把合适的工作任务安排给合适的人员做，合理配置团队的各类职责和人事，充分调动成员平时工作的积极主动性，使团队的创业目标和创业任务的效果得到提升。团队的领导者或者带头人应该要想办法提高团队的工作效率，降低工作的失误率，特别是要准确掌控工作时间。高校的大学生创业队伍很多都是利用平时零散的课余时间来完成具体的创业项目，所以在某种意义上来说，提高大学生创业团队的时间利用效率对提高团队成员的工作积极性和创造性也有很大的帮助，平时的工作中要高度重视工作效率，合理利用好工作时间。除此之外，团队的领导者应该要加强与成员的内部联系，培养平时的工作默契，经常沟通，使成员对于自己在团队中的角色有更高的认可程度。

（2）进一步完善资金的管理工作

第一个方面是拓宽筹集资金的渠道，前面论述到资金对于创业项目的重要性，这里不再赘述。但是在创业团队的运转中，建立一个完备的创业资金筹集渠道是很有必要的。很

多大学生创业团队的创业资金非常有限，更需要拓宽创业资金的筹措渠道。首先，要提高大学生的融资认识和加强平时对金融知识的学习。其次，团队在实践中要对资金的筹集渠道进行积极地探索，不但可以通过信贷公司和银行的小额贷款筹措资金，还可以通过党和政府的政策支持来筹集资金，多个方面多个层次确保资金的输入。

第二个方面是规范资金的运营方式。许多创业团队即使不缺少创业资金的支撑，也会面临资金不够用的问题，归结问题背后的原因就是团队内部没有一个完备的收益分配方式。大学生创业团队要想高效率地运转创业项目的资金，就应该在创业前期对创业项目的资金使用进行合理的计划，达成预期的资金使用方案。方案应该把创业项目的每一个实施阶段进行合理的划分，以便防止项目过程中资金短缺的问题。除此之外，方案要对团队的每一个人员进行具体的安排，充分认识到创业团队是一个兼容和开放的组织，成员对团队的贡献不一样，团队对每一个成员的利润分配也应该不一样，碰到团队内部成员有流动的情况，就要实时调整团队的利益分配方案。

（3）合理转化和使用创业项目的成果

首先，特别是在创业项目建立的前期合理规划自己的创业项目，清楚定位创业项目的发展方向，创业者应该着重最后选择是将项目成果推向市场，还是用发表论文的形式来进行成果宣传。其次，一定要对创业项目管理到位，在创业初期要合理考核和评估创业项目，严格考察具备推广应用意义的项目成果，确保项目成果应用的可行性。最后，要积极拓宽项目成果转化渠道，比如除了鼓励团队成员发表论文，还可以组织团队举办一系列的创业成果展示活动，或者积极参加各类科技比赛，这些活动都可以促使创业项目的成果产生积极的社会经济效益。

（4）建立完备、合理的绩效考核制度

绩效考核应该贯穿创业团队管理的始终，绩效在一定的程度上可以说是对创业团队的监督，有了监督就会涉及奖惩。一个良好的奖惩机制不仅要保证团队每个成员都忠诚于自己的职责，也要保障每个成员的个人权利。这样才能够使每一位成员都得到很大的鼓舞，并且在平时的团队工作中发挥出自己最大的力量，促使团队目标更好地实现。合理的绩效考核奖励方式，要能够引起成员的兴趣，对成员的工作起到激励的作用；而且要注意惩罚的灵活性，在保证严格的同时也要讲究社会影响。处罚并不是最终的目的，主要是为了促使成员的工作效率更高，让成员在平时的工作中做得更好。

（5）建立合理可行的创业目标，做好项目具体的计划分解和管控

事实证明，大学生创业团队的管理务必要有合理可行的创业目标，有了可行的创业目标，才会有正确的创业方向，对创业之后的路才不会迷茫。创业者需要对自己的团队进行客观的评价，掌握团队的真实情况，从而制定好比较合理可行的短期性目标。创业者应该对目标进行合理的监督和管控，有些较大的目标计划可以逐级分解，这样做的好处就是方便目标计划的施行，并且也可以对每一个阶段进行监督和管控。

【案例分析】

A 城 M 光学仪器工厂应该如何管理?

M 光学仪器厂是我国 A 城的一家著名工厂，它的主要业务是生产测量仪器。2017 年，前任厂长因为身体和年龄原因辞职了，厂里一致同意推选出新的厂长。最后经过推选程

序，李某成为该厂新的厂长，一个月后，新的厂长就正式走上领导岗位了。

李厂长觉得该厂要想得到快速发展，就必须推行大的改革。他认为，该厂的组织机构存在很大问题，于是他做的第一件事情就是推动厂里组织机构的改革，但是令他万万没有想到的是，正是因为这场改革，让他遇到了一些问题。M 光学仪器厂总共有 3 000 多名工人，行政办公室就差不多有 80 个，比如生产科、生产准备科等科室，并且每个科室都配备有科长和副科长，还有好几位科员。全厂的干部达到 1 200 余人。在厂里日常生产中，相互扯皮踢球的现象比较严重，所以李厂长就决定将办公室数量减少到 24 个，一些本领强的干部调到一线生产中去。这个想法和方案很快在厂里得到了全厂工人的肯定和认可，但是在具体的落实工作中却遇到了很大的问题。被裁减的一部分干部找到李厂长的办公室和家里跟他谈话，有的甚至坚决不服从改革方案，劝说者也挤满了房屋。结果就是厂里各个科室和车间都不安心工作，传达指挥不灵，车间的产品质量也出现了很多问题。副厂长劝说李厂长赶快停止改革方案，以免给该厂造成更大的损失。李厂长感到非常痛心，也不知道下一步该如何部署工作。

【思考与讨论】

1. 结合案例，你认为该仪器厂出现问题的原因是什么？
2. 该仪器厂遇到了管理上的问题，如果你是李厂长，你该怎样进行下一步的工作？
3. 谈一谈你对创业团队管理的见解。

【本节重点】

本节主要介绍了创业团队的搭建和管理。在创业实践中，大学生创业团体应该要了解本节中所提到的理论知识。通过对本节内容的学习，大学生创业群体在具体的创业实践中会更加了解创业团体的性质，如何搭建高素质的创业团队，以及如何管理现实中的创业团队。

【思考题】

1. 谈一谈你对高素质创业团体的认识。
2. 在现实的学习和生活中，你如何做好团队的组建工作？
3. 结合你的个人经历，说说团队应该如何管理。

【练习与实践】

假设你和几个朋友创办了一个小型工厂，工厂刚刚建立的时候，工人严重不足。因考虑到今后的发展，需要在社会招聘数名工人。在数月的运营当中，工厂出现了一些组织和管理上的问题（具体问题可以在场景模拟的时候呈现），导致业绩持续下滑！请模拟以上场景，并讨论从工厂建立到运营管理的过程中，遇到了哪些具体的问题。你们是如何解决该问题的？

7.3 创业资源

7.3.1 创业资源的种类

创业资源是整个创业过程中不可或缺的一把金钥匙，创业资源对创业的重要性是不言而喻的。甚至可以从这样一个角度来说，一个创业团队在创业中能否取得成功，有时候就看这个团队手上是否拥有充足的创业资源。有了充足的创业资源，在一定程度上就等于创业成功了一半，这也是创业成功的前提条件。一些大学生创业团队之所以最后面临创业失败的结局，很大一部分原因是在创业过程中出现创业资源不足的情况。创业资源出现了不足，并且如果不及时补给，最后就会导致整个创业项目的失败。那么什么是创业资源呢？可以简单地概括一下创业资源的含义：创业资源指的是一个创业团队在创业前期刚建立和后面的发展中所必备的生产要素和支持条件，其中既包括创业所需要的设备等有形资产，也包括创业所必需的技术等无形资产。在某种意义上来说，创业其实就是通过输入大量的人力、物力、财力等，为市场提供各种产品和服务，使最后市场的价值达到进一步提高的效果。创业给企业带来利润的同时，其实也给经济市场创造了一定的市场价值。所以，是否拥有充足的创业资源是创业过程能否顺利运作的重要基石。创业资源在创业的各个过程中都是不可或缺的，它是大学生创业成功的根本保证。本书结合当代大学生创业的基本特征和市场发展的情况，认为当代市场上的创业资源主要有以下六个方面：物质资源、人才资源、资金资源、技术资源、社会资源和管理资源。

（1）物质资源

创业资源中的物质资源一般是指有形的资产，它往往是看得见、摸得着的东西，创业者所需要的物质资源具体包括企业的厂房、各种软件设备与硬件设备、企业生产所需要的原材料等资源。物质资源之所以是创业资源中较为基础的资源，是因为物质资源与其他资源具有不同的特征，在整个创业过程中起到了支撑和保障的作用。换言之，如果没有物质资源的保障，整个创业过程可以说是举步维艰，虽然说在创业过程中缺少了某些物质资源是可以用创业资金来处理的，但物质资源中的某些稀缺资源还是创业资金不可替代的。所以说一个创业团队在创业的整个过程中必须要高度重视物质资源的开发、利用及管理，合理做好物质资源方方面面的工作，以防在创业过程中出现物质资源中断、供应不足的情况。除此之外，创业团队不仅要合理管理自己的物质资源，还要积极开发创业过程中所需要的新的物质资源，因为物质资源是非常有限的。换句话说，物质资源总有一天会面临枯竭，创业者不能以简单、静态的眼光来看待物质资源，而是必须要动态地开发新的物质资源，这样才能保障整个创业取得最后的成功。

（2）资金资源

资金资源指的是创业者在整个创业运转过程中需要的资金支持，这个方面在创业中更加具有现实性。大学生创业者在具体的创业过程中会有很多地方需要资金的支持，无论是大学生创业团队在市场中需要进一步拓宽产品渠道，还是研发出来新的产品需要市场销售，又或者在创业过程中需要进行市场宣传，这些市场行为都需要充足的资金保障。有了资金方面的支持，大学生创业者在整个创业过程中才会更加顺利。除了充足的资金保障，对于资金的使用也要制定财务计划，这样才能更加清楚创业过程中资金具体用在哪些地方。几乎所有的创业团队在创业初期都会遇到一个比较大的难题，那就是创业过程中缺乏资金的问题。对于大学生创业而言，资金难题更是比较普遍和严重的问题，本书在前面就提及了大学生创业融资渠道比较窄的现实问题，加上大学生在高等学校念书期间几乎不存在收入来源，即使一些大学生会利用课余时间在校外做一些兼职来赚取零花钱，但这些收入对创业来说是远远不够的。因此，大学生创业的时候尤其要注意和防范的是资金方面的问题。大学生创业团队可以积极拓宽融资渠道，筹集资金为创业所用，从而为创业奠定良好的资金基础。

（3）人才资源

人才资源是指创业团队在具体的产品生产、产品销售、商品物流、企业财务、日常企业管理等过程中拥有的整体能力素质较高的人员数量。21世纪是知识聚集型的时代，没有任何一个时代能像现在这样迫切需要知识和人才。市场各个领域都凸显知识的重要性，人才资源是现代化企业的核心资源，也是现代化企业可持续发展的重要资源，人才在创业过程中的重要性可见一斑。大家都知道，任何一个企业的人才来源可以有以下两个基本的渠道：一是企业通过外部招聘的方式吸纳人才。外部招聘可以说有它的优点，但是也存在一些现实性的缺点。外部招聘的优点是可以为企业内部带来新的血液，给企业带来外面先进的管理经验和不同的管理知识，这样有助于提高企业员工的积极性和创造性，为现有的企业"造血"并带来活力；它的不足之处就是新招聘的人才需要长时间培养，与企业内部的员工需要培养一定的工作默契，所以在平时的工作中所花费的时间成本比较高，加上新招聘来的人才的工作理念与现有企业员工的工作理念难免存在分歧，这就给企业领导者造成协调和管理压力。另外一个渠道就是通过企业内部选拔和培养人才。同样，这种来源渠道也是有利有弊的。内部晋升渠道的优势就是企业对自己培养的人才知根知底，有利于日常工作的开展，并且上层领导对内部培养的人才比较放心。它的劣势就是企业人才往往过于固定，企业内部缺乏新鲜的血液。一般来说，现代企业如何选择人才来源渠道，往往是根据每一个企业的具体情况来定的，比如某个企业内部缺乏外面优秀的人才，想给企业内部"换换血"，那么这种情况就适用于外部招聘的人才来源渠道。对于现代化的企业来说，可持续发展是它们的发展要义，关键和核心的地方就是开发、获取和培养素质高、能力强的高层次人才，尤其对一些技术性要求高的新兴产业或者知识密集型的高端科技企业来说，由于知识和技术在市场竞争中起到了决定性的作用，所以人才资源往往显得更加得重要。

（4）技术资源

技术资源指的是对现代化企业具有商业价值的科技成果、生产工艺流程或者作业程序等，它主要给创业带来技术方面的支持。技术资源和物质资源显然不同，物质资源是一种基础性资源，而技术资源的专业性更强，需要配备一定的专业技术人才，被模仿的可能性也比较小。创业团队在创业前期及创业企业的运转过程中，技术资源指的就是与现实问题的处理、软件设备和硬件设备等相关的知识。创业中的大学生群体在技术资源这一块有着独特的优势，主要表现在：大学生的思维方式比较发散，思维比较活跃，在创业过程中的思想动力很强大，成就感比较明显，创业目标也比较明确。除此以外，他们还具备一定的专业知识和学科背景，能够将所学的专业知识用到具体的创业过程中，让自己的知识真正做到学有所用，从而给自己的创业增添更多的知识元素。这一方面的优势在理工科的大学生创业者身上体现得更加明显，比如理工科的大学生利用自己的学科和专业知识发明了一项技术专利，他们可以将此项专利迅速投放到市场当中，从而形成一种创业产品，这种创业产品就可以在市场上产生巨大的市场效益。

（5）社会资源

社会资源通常在经济市场上也称作社会资本，它指的是创业企业所拥有的各种社会关系中所包含的社会人脉资源。社会资源包含创业团队中个人及其成员的社会关系。大学生的社会资源情况比较特殊（比较少），这是由于在校大学生的社会经验不足所造成的。因为大学生在学校里面接受专业知识教育，在校期间与社会的联系比较少，交往对象通常是身边的老师和同学，交往方式也比较单一化，这就造成大学生的社会关系网相对比较薄弱。并且大学生创业者在企业和政府那里获得的社会资源比较有限，因此大学生的社会资源比较匮乏，这也是大学生创业面临的难题之一。所以，大学生在创业企业刚刚建立的时候，主要依靠的是亲戚、学校和朋友的大力支持，如果没有亲戚朋友和学校的有力支持，大学生的创业过程就会更加困难。正是因为大学生的社会资源形式比较单一，以及获取社会资源的力量比较薄弱，这就需要大学生在平时的创业过程中更要注意社会资源的积累。大学生除了在学校与老师和同学打交道，还可以适当地去校外拓宽社会资源的渠道，积极参加社会各种各样的创业活动及创业成果展览，这样做一方面可以让自己在创业实践中得到锻炼，另一方面也可以积极利用社会资源为自身的创业提供便利的社会条件，这样大学生创业者在创业过程中才会安然突破社会资源瓶颈，获取更多的社会资源，为创业成功打下坚实的基础。

（6）管理资源

管理资源主要指的是三个方面的内容：一是创业企业运转过程中所必需的组织运行机制，二是创业企业自身的管理制度，三是创业管理者自身的管理知识、管理能力及管理经验。一个企业运转的好坏及其企业内部各部门之间配合是否高效，都与创业团队内部的管理息息相关。如果一个创业企业拥有较为完善的管理资源，并且这个创业企业的管理者可以较为容易调动和使用该管理资源，管理资源就不会给这个创业企业带来阻碍；反之，管理者就会对管理资源的调动和使用失去信心，管理资源会成为整个过程中的瓶颈。由于大学生的关系网络比较简单，与社会的接触比较少，通常都是在学校里学习自己的专业学科知识，这样就会导致大学生对于创业企业所需要的运营和管理方面的知识比较缺乏。为了更好地解决这一问题，大学生创业者在创业过程中应该加强学习，平时在创业实践中多积累管理方面的知识和资源，这样才能保证在创业中游刃有余；反之，很有可能会导致大学生在管理自己企业的过程中过于理想化，最终创业失败。

7.3.2　创业资源的获取

跟社会上普通的创业者不同的是，大学生作为一类较为年轻的创业群体，在创业过程中经验、技术和资金方面的缺陷更加突出，这些都是大学生创业过程中面临的挑战和不利因素，所以大学生创业者在整个创业过程中更加需要这些方面的支持。由于种种客观原因，大学生创业本身就会存在资金严重匮乏的问题，有时候甚至直接导致大学生创业实践的失败，所以大学生创业群体在具体的创业实践中应该积极地拓宽创业资金的来源渠道，更多地考虑从校外获取各种各样的创业资源。由于大学生创业团队的特殊身份，大学生创业者与社会创业群体接触得并不多，大学生创业者缺乏社会经历，并且大学生创业团队缺乏一定的管理经验、管理技术和管理知识，所以很有可能在创业初期就会遇到比较大的创业风险。在这个现实基础上，大学生创业者应该积极争取较多的创业资源和社会层面的资金支持，这样可以较大幅度地提升大学生创业成功的概率。在当今创业市场上，大学生可以通过以下几个方面获取创业资源。

（1）可以通过大学生自身的独特身份获取创业资源

在近几年的"创新创业"大背景下，党中央和国务院高度重视大学生创新创业工作，全国各大高校也在积极响应党和国家的号召。政府和全国高等学校都制定出了各项创业优惠政策，为大学生群体创业提供必要的资金支持，在政策上给予一定的照顾，从而为大学生创业提供较为良好的环境。这样做的目的就是鼓励大学生积极投入到创业实践中去。大学生可以利用自己这一身份享受国家和学校提供的各项创新创业政策和资金上的扶持，这是第一个渠道获取创业资源。还有就是，与社会上一般的企业相比，大学生创业群体在银行和一些信贷公司比较容易获取小额贷款，并且还会得到一些政策上的优惠，这是大学生创业团队可以获取创业资源的第二个渠道。除了可以通过以上途径获取创业资源，大学生创业者还可以参加校内外的各种创新创业大赛，获取相应的创业资金的支持，这也是大学生创业群体获取创业资源的另外一个途径。大学生创业团队获取创业资源的第四个途径就是各大高等学校积极开展了一系列的创业活动，以及采用创业教育理论课程教学和创业模拟结合的方式对大学生进行创业知识普及，这样做的目的是培养大学生的创业意识和创业能力，为大学生创业成功提供必要的支持条件。基于以上分析，大学生在校期间就可以通过担任学生会、团委学生干部及参加社会实践的方式，锻炼自己的组织、协调和团队管理能力，同时累积和发展一定的人脉。大家都知道，人脉资源在人类社会发展的过程中是极其重要的，同样人脉资源对大学生创业也起到了举足轻重的作用。道理其实很简单，因为拥有丰富的人脉资源就意味着拥有了广泛的资金、知识和信息等重要资源，这样对大学生创业积累一定的管理资源和人才资源就会有所帮助。我们都知道，大学生创业的独特优势之一就是拥有较高的学识和学科专业背景，这样的优势带来的好处就是，大学生创业者往往会具备较高的总结问题和分析问题的能力。通常来说，大学生比一般社会创业者在对创业资源进行分析和辨别方面更加清楚、更加理性，同时大学生创业者也会懂得如何更好地降低创业成本，增加创业企业的利润。

（2）积极拓宽社会资源的渠道来进一步获取创业资源

在当今市场上，社会资源的种类和来源是多种多样的，其中主要包含创业者的亲朋好友资源、创业者市场上的伙伴资源、市场上的代理资源、创业平台上的合作联盟资源、创业者的指导老师资源等。由于创业企业在刚成立的时候规模比较小，存在的问题比较多，从一定程度上来说，大学生创业团队暂时还不能获取创业企业发展所需要的社会资源，或者大学生创业者必须为之付出比较高昂的成本。社会上的资本在某种意义上给大学生创业团队提供了一种比较便利的社会资源获取渠道。假如创业者拥有比较良好的社会信誉并且自己的创业企业在市场上已经获得了一些成功，那么就会比较容易得到更多有价值的创业资源。大学生的学习和生活方式比较单一，很多时间和精力花在学习上，与校外生活的接触机会不多，因此大学生的主要人脉资源是在校的老师和学生，可以说几乎不存在社会人脉资源和政府资源。大学生团队在创业企业建立的初期，主要依靠的是身边的亲戚和朋友等关系带来的各种创业资源，所以大学生在具体的创业中应该要不断地开发社会资本，这样对他们在创业实践中获取一定的社会资源有很大的帮助。

（3）在创业企业初始资源的基础上获取资源

大家都清楚，刚建立创业企业的时候迫切需要的是初始资源，这个时候初始资源对创业企业的立足和发展有着至关重要的作用。等到了创业企业稳定和发展的时候，则需要企业具体运营方面的资源。创业企业一旦拥有了较为丰富的初始资源，那么这个企业就比较容易引来社会上其他新的资源，并且新的资源可以与初始资源形成完美的结合，为创业企业带来良好的市场前景。国外学者就有做过这方面的案例，这些案例在最后都表明了一个共同点，那就是新创立的企业在所需要的资源的识别和获得上，目前已经具有的初始资源是极其重要的，这再一次证明了初始资源在创业企业前期发展中的重要性。在国内比较典型的案例是世纪佳缘网在 2007 年刚要发展的时候，急需资金方面的大力支持，新东方就在天使投资的平台上给予了世纪佳缘公司 4 000 万元的资金支持。还有就是，当前还处在市场开发时期的私家车短租平台也往往有风险投资的影子。以上方面就要求大学生创业者在平时的创业实践中应该积极培养自身良好的商业思维与捕捉市场机会的能力，学会在创业过程中扬长避短，善于利用初始资源，努力获得市场的认可，以此来获取更多的资源。

（4）整合目前已有的社会资源，最大化利用已获得的社会资源

这个方面可以说是所有获取创业资源渠道中最为重要的一个方面。获得社会资源的主要内容不单单指社会资源量的累积，还应该包括对各种已经拥有的社会资源进行丰富化和细致化的处理，这样做看似没有增加创业资源量，实则在结果上可以形成新的市场竞争优势。社会资源的整合过程主要包括三方面：一是社会资源的识别，二是社会资源的获得，三是社会资源的利用。由于大学生创业者的初始资源相对缺乏，所以对大学生创业来说，社会资源的高效整合和有效利用就显得特别重要。社会资源毕竟是有限的，有限的社会资源往往不能长期维持创业企业的正常运转，因为它终有一天会用完。所以大学生创业团队必须合理利用自身的社会资源，培育自身的资源整合能力，有效组合并且利用好外界获得的社会资源和企业内部初始资源，在此基础上提高创业资源的整合能力，为创业企业的长期发展奠定基础。除此之外，大学生创业者在创业过程中对社会资源的整合和管理也有利于不断提高创业能力，在此过程中逐渐成长并发展为较为成熟的高素质创业人才。大学生创业者在创业实践中对社会资源的不断整合和优化，不仅可以提高大学生创业者的能力和素质，还可以实现较高的市场配置效率。

【案例分析】

牛根生独特的蒙牛创业经验

2018 年，享誉全国的蒙牛集团的市值已经达到 1 150.87 亿港元，其市场实力非同一般。但是在蒙牛刚刚开始创业的时候，也面临着很多问题，比如资源短缺、资金不足等情况，但是蒙牛的发展却形成了一套自己独特的发展经验。蒙牛集团的创始人牛根生善于积极整合养牛场方面的资源，进而整合其他方面的资源。没有物质条件，他便积极整合与之相关的创业资源，这样就解决了资源短缺和资金不足的问题，结果等于是蒙牛没花一分钱，然而整个北方地区的养牛场都在为蒙牛集团养牛，这是牛根生的过人之处。

蒙牛成功的创业经验告诉我们一个很有力的事实，那就是世界上没有企业家在刚开始创业的时候会得到全部的资源，也就是说在创业的时候拥有的资源总是有限的。那么如何去实现自己的创业目标，解决这个瓶颈问题呢？牛根生告诉我们，在平时的创业实践中拿自己可以支配的资源同别人交换创业所需的资源，这样的话，别人得到了想要的资源，同时你也得到了创业所需的资源，这是一件两全其美的事情。

【思考与讨论】

1. 结合蒙牛集团的案例，谈一谈在创业实践中整合创业资源的必要性。

2. 结合实际分析，你觉得创业资源的获取途径有哪些？

3. 简述创业资源有哪些种类。

【本节重点】

本节主要介绍了创业资源的相关内容。通过对本节内容的学习，当代大学生应该要熟知创业资源的种类有哪些，以及在创业实践中，如何获取创业资源，为今后的创业活动储备相应的创业知识和理论。

【思考题】

1. 结合实际，谈一谈在校期间你所接触的创业资源有哪些？

2. 党和政府给予了大学生创业群体哪些比较好的政策支持？

3. 谈一谈你该如何把握好身边的创业资源？

【练习与实践】

在学校内寻找比较成功的创业群体，就创业资源的种类而言，请他们谈一谈哪种创业资源对他们最有帮助。了解他们在创业的时候是如何获取创业资源的。记录下访谈内容并简要谈一谈，他们的创业事例对你有哪些启发。

参 考 文 献

[1] 巴林杰，爱尔兰.创业管理：成功创建新企业.北京：机械工业出版社，2010.

[2] 包惠珍，张桂香，梁凤华，等.大学生职业生涯规划与发展.上海：复旦大学出版社，2013.

[3] 博内特，伊万斯.斯坦福大学人生设计课.周芳芳，译.北京：中信出版集团，2017.

[4] 陈立.大学生就业指导与职业规划.北京：电子工业出版社，2011.

[5] 陈雁，符崖，陈晔，等.国外高校创业教育模式与中国高校创业教育的思考.创业与创业教育，2015，6（1）：134–136.

[6] 陈宇，姚臻.就业与创业指导.北京：外语教学与研究出版社，2017.

[7] "创新教育研究与实验"课题组，华国栋.推进创新教育 培养创新人才.教育研究，2007（9）：16–22.

[8] 单贺明，许蓝月，张旭朋.新时代大学生自主创业团队的组建与管理研究.科技资讯，2019，17（9）：188–189.

[9] 稻盛和夫.活法.北京：东方出版社，2018.

[10] 德鲁克.创新与创业精神.北京：社会科学出版社，2005.

[11] 董薇，秦启文."U盘化生存"：青年职场生存新理念.当代青年研究，2018（4）：104–109.

[12] 杜志强，董方.创新思维训练的问题与对策.江西广播电视大学学报，2011，50（2）：32–34.

[13] 房国忠，刘宏妍.美国大学生创业教育模式及其启示.外国教育研究，2006，33（12）：41–44.

[14] 费瑟斯通豪.远见：如何规划职业生涯三大阶段.苏健，译.北京：北京联合出版公司，2018.

[15] 冯伟.论大学生创业团队的组建.智库时代，2017（14）：40，43.

[16] 高桥，王辉.大学生职业发展与就业指导教学指南.北京：现代教育出版社，2008.

[17] 郭德侠，郭德红，李怡.用人单位对大学生就业能力的评价与高校课程改革.高等理科教育，2014（3）：83–87.

[18] 韩志鹏，曹宇曦.浅析大学生创业团队的组建.当代教育实践与教学研究，2017（8）：135.

[19] 吉斯伯斯，赫谱纳，约翰斯顿.职业生涯咨询：过程、技术及相关问题.2版.侯志瑾，译.北京：高等教育出版社，2007.

[20] 金树人.生涯咨询与辅导.北京：高等教育出版社，2007.

[21] 李时椿.创业管理.3版.北京：清华大学出版社，2015.

[22] 李亚员.当代大学生创业现状调查及教育引导对策研究.教育研究，2017（2）：65–72.

[23] 李增华.浅议家庭教育文化对当代大学生择业观的影响.红河学院学报，2011，10（6）：104–106.

[24] 李志能，郁义鸿，希斯瑞克.创业学.上海：复旦大学出版社，2000.

[25] 刘俊敏.态度决定成就.北京：中国电力出版社，2012.

[26] 刘善球，张玉东.大学生职业生涯规划与就业指导教程.长沙：中南大学出版社，2007.

[27] 刘怡娟.职业生涯规划：从职场走向成功的第一步.北京：中国人民大学出版社，2013.

［28］穆臣刚.哈佛人生规划课.北京：中国法制出版社，2019.

［29］倪克垒，胡庄方.大学生创业资源及获取途径分析.吉林省教育学院学报（中旬），2015，31（9）：140-141.

［30］彭泽艳."互联网+"视域下大学生创业机会来源初探.企业科技与发展，2018（11）：165-167.

［31］丘木生.大学生职业生涯规划与管理.广州：暨南大学出版社，2015.

［32］萨克尼克，班达特，若夫门.职业指导：职业生涯规划教程.7版.中国就业培训技术指导中心.北京大学学生就业指导服务中心，译.北京：中国劳动社会保障出版社，2005.

［33］史慧.高校创新人才培养模式研究.天津：天津大学，2015.

［34］史梅，万金淼，应金萍.职业生涯规划与就业指导.武汉：武汉大学出版社，2008.

［35］滕静，陈树冬，方奕，等.智慧职场拒绝黑天鹅.北京：中国民主法制出版社，2008.

［36］韦耀阳，郑维锋.校园文化对大学生职业生涯规划的影响.人才开发，2008（12）：26-27.

［37］吴剑，王雷.大学生就业创业指导咨询案例教程.北京：科学出版社，2015.

［38］谢宝国.大学生涯规划与职业发展.北京：电子工业出版社，2011.

［39］谢明山，王春晖，佟伟.大学生职业生涯规划实训.北京：北京交通大学出版社，2011.

［40］熊彼特.经济发展理论.何畏，等译.北京：商务印书馆，1990.

［41］延风宇，王红.大学生职业生涯发展.武汉：武汉大学出版社，2012.

［42］姚颖超.大学生职业生涯规划.北京：北京航空航天大学出版社，2010.

［43］张晓丹，赵锡奎.大学生学业与就业.北京：北京交通大学出版社，2011.

［44］赵凤琴.专业背景的机构社工职业适应过程研究.南京：南京大学，2018.

［45］周华.大学生就业与职业生涯规划.成都：电子科技大学出版社，2009.

郑重声明

高等教育出版社依法对本书享有专有出版权。任何未经许可的复制、销售行为均违反《中华人民共和国著作权法》，其行为人将承担相应的民事责任和行政责任；构成犯罪的，将被依法追究刑事责任。为了维护市场秩序，保护读者的合法权益，避免读者误用盗版书造成不良后果，我社将配合行政执法部门和司法机关对违法犯罪的单位和个人进行严厉打击。社会各界人士如发现上述侵权行为，希望及时举报，我社将奖励举报有功人员。

反盗版举报电话　　（010）58581999　58582371

反盗版举报邮箱　　dd@hep.com.cn

通信地址　北京市西城区德外大街4号　高等教育出版社法律事务部

邮政编码　100120

读者意见反馈

为收集对教材的意见建议，进一步完善教材编写并做好服务工作，读者可将对本教材的意见建议通过如下渠道反馈至我社。

咨询电话　400-810-0598

反馈邮箱　gjdzfwb@pub.hep.cn

通信地址　北京市朝阳区惠新东街4号富盛大厦1座　高等教育出版社总编辑办公室

邮政编码　100029

防伪查询说明

用户购书后刮开封底防伪涂层，使用手机微信等软件扫描二维码，会跳转至防伪查询网页，获得所购图书详细信息。

防伪客服电话　　（010）58582300